Humanitäre Hilfe

Humanitäre Hilfe

Joachim Gardemann

Joachim Gardemann

Humanitäre Hilfe

Begegnungen mit notleidenden Menschen

Mit Aquarellen des Autors

Joachim Gardemann, Prof. Dr. med. MPH
FH Münster, Kompetenzzentrum Humanitäre Hilfe
Johann-Krane-Weg 23
48149 Münster
https://www.fh-muenster.de/humanitaere-hilfe/
E-Mail: gardemann@fh-muenster.de

Bibliografische Information der Deutschen Nationalbibliothek
Die Deutsche Nationalbibliothek verzeichnet diese Publikation in der Deutschen Nationalbibliografie; detaillierte bibliografische Daten sind im Internet über http://www.dnb.de abrufbar.

Anregungen und Zuschriften bitte an:
Hogrefe AG
Lektorat Pflege
z.Hd. Jürgen Georg
Länggass-Strasse 76
3012 Bern
Schweiz
Tel. +41 31 300 45 00
info@hogrefe.ch
www.hogrefe.ch

Lektorat: Jürgen Georg, Martina Kasper, Fabienne Suter
Herstellung: Daniel Berger
Umschlagabbildung: Stefan Trappe, Berlin https://www.trappe-foto.de/about-contact/
Umschlag: Claude Borer, Riehen
Illustrationen (Aquarelle/Zeichnungen): Joachim Gardemann
Satz: punktgenau GmbH, Bühl
Druck und buchbinderische Verarbeitung: AZ Druck und Datentechnik GmbH, Kempten
Printed in Germany

1. Auflage 2022

(E-Book-ISBN_PDF 978-3-456-96228-3)
(E-Book-ISBN_EPUB 978-3-456-76228-9)
ISBN 978-3-456-86228-6
https://doi.org/10.1024/86228-000

"No one is useless in this world who lightens the burdens of another."
Charles Dickens (1865, Doctor Marigold's prescriptions)

Inhaltsverzeichnis

Vorwort

Unter allen Organisationen der humanitären Nothilfe nimmt das Internationale Komitee vom Roten Kreuz (IKRK, international ICRC abgekürzt) besonders bei bewaffneten Konflikten eine Sonderstellung als Völkerrechtssubjekt und Schutzmacht ein. Die seit 1864 in den Genfer Konventionen verbindlich niedergelegten Grundsätze ermöglichten erstmals die unmittelbare Versorgung der Opfer von Krieg und Gewalt.

Die Rotkreuzprinzipien der Menschlichkeit, Unparteilichkeit und Neutralität bieten dabei bis heute das sittliche und rechtliche Fundament für die Sicherung und Wiederherstellung von Würde und Gesundheit der Opfer nach dem Maß der Not allein.

Nach dem Ersten Weltkrieg trat an die Seite des IKRK die Internationale Föderation der Rotkreuz- und Rothalbmondgesellschaften (IFRC), die sich als weltweite Solidargemeinschaft aller nationalen Rotkreuz- und Rothalbmondgesellschaften gegenseitige Unterstützung in Situationen nichtkriegerischer Katastrophen leisten. Sitz beider Organisationen ist Genf.

Die Aquarelle in dieser Schrift illustrieren Begegnungen und Eindrücke aus den folgenden internationalen Nothilfeeinsätzen mit dem Internationalen Komitee vom Roten Kreuz (ICRC) und der Internationalen Föderation der Rotkreuz- und Rothalbmondgesellschaften (IFRC). Alle im Text abgebildeten Aquarelle wurden vom Autor gemalt.

Nothilfeeinsätze des IFRC

Ngara in Tansania, an der Grenze zu Ruanda von August bis Oktober 1995, wo in der Folge des Genozids und des Bürgerkrieges in Ruanda mehr als 500 000 Menschen aus Ruanda Zuflucht fanden.
IFRC
(2° 29‘ 40“ S, 30° 39‘ 46“ O)

Kigoma in Tansania im August und September 1998, wo sich infolge der Bürgerkriege mehr als 50 000 Flüchtlinge aus dem Kongo und aus Burundi aufhielten.
IFRC
(4° 53‘ 38“ S, 29° 37‘ 48“ O)

Lager Brazda nördlich von Skopje in Mazedonien im April und Mai 1999, wo infolge des Kosovo-Krieges über 40 000 Flüchtlinge aus Kosovo lebten.
IFRC
(42° 4‘ 34“ N, 21° 23‘ 8“ O)

Bam in der Provinz Kerman in der Islamischen Republik Iran von Dezember 2003 bis Februar 2004 nach dem schweren Erdbeben vom 26. Dezember 2003 mit 40 000 Toten, 70 000 Wohnungslosen und 30 000 Verletzten.
IFRC
(29° 5‘ 40“ N, 58° 20‘ 14“ O)

Dujiangyen in der Provinz Sichuan in der Volksrepublik China im Mai und Juni 2008 nach dem Erdbeben vom 12. Mai 2008 mit 70 000 getöteten und über 300 000 verletzten Menschen.
IFRC
(30° 56‘ 40“ N, 103° 36‘ 23“ O)

Carrefour bei Port au Prince in Haiti im Januar und Februar 2010 nach dem Erdbeben vom 12. Januar 2010 mit geschätzten 200 000 Toten und 300 000 Verletzten.
IFRC
(18° 32‘ 4“ N, 72° 24‘ 36“ W)

Flüchtlingslager bei Al Azraq in Jordanien im Juni und Juli 2014 mit über 30 000 Bürgerkriegsflüchtlingen aus Syrien.
IFRC
(31° 49‘ 42“ N, 36° 46‘ 55“ O)

Ebola-Behandlungszentrum Kenema in Sierra Leone im Oktober und November 2014.
IFRC
(7° 53‘ 9“ N, 11° 11‘ 10“ O)

Nothilfeeinsätze des ICRC
Flüchtlingslager Abshok nahe El Fasher in der Provinz Darfur der Islamischen Republik Sudan im Juni und Juli 2004 mit über 50000 Bürgerkriegsflüchtlingen.
ICRC
(13° 37‘ 47“ N, 25° 21‘ 3“ O)

Putthukudiyiruppu im abtrünnigen Tamilengebiet im Nordosten von Sri Lanka im Januar und Februar 2005 nach dem verheerenden Tsunami vom 26. Dezember 2004 mit 40000 Todesopfern alleine in Sri Lanka.
ICRC
(9° 18‘ 53.7“ N, 80° 42‘ 54“ O)

Aquarelle statt Fotos

„Du kannst nie wissen, wofür du das später noch einmal wirst brauchen können." So die Antwort meiner Mutter auf meine Frage im Grundschulalter, warum sie mich zum abendlichen Zeichen- und Malunterricht an der Volkshochschule angemeldet hatte. Bis zum Abschluss meiner Schulzeit besuchte ich danach in jedem Winter einen weiteren Kurs und konnte so allmählich verschiedene Techniken der Illustration kennenlernen. Fast vierzig Jahre später und nach nur gelegentlich angefertigten Landschafts- und Blumenaquarellen fand ich mich dann in meinem ersten internationalen humanitären Einsatz als Kinderarzt für das Rote Kreuz im Grenzgebiet von Ruanda und Tansania wieder. Um meine Erlebnisse auch im Bild festzuhalten und vielleicht auch, um sie selbst besser verarbeiten zu können, begann ich damit, abends kleine Skizzen in mein Tagebuch zu zeichnen (**Abb. 0-1**).

Besonders die Momente der ersten Begegnungen mit meinen kleinen Patienten auf dem Arm von Mutter oder Vater berührten mich immer wieder.

Nach meiner Rückkehr arbeitete ich meine Skizzen und gelegentlich auch Fotos dann zu Aquarellen um. Zu späteren Hilfseinsätzen nahm ich dann schon Aquarellkarton und einen winzigen Reisefarbkasten mit, um gleich vor Ort auch farbig arbeiten zu können (**Abb. 0-2**). Nur in der Gluthitze des sudanesischen Darfur funktionierte die Aquarelltechnik nicht so gut, da das Wasser auf dem Papier immer sofort verdunstete. Anders als Fotografien ermöglichten die Zeichnungen und Aquarelle mir, Betroffene auch angesichts katastrophaler Lebensumstände immer würdevoll abzubilden und ihre Persönlichkeitsrechte zu wahren.

Innerhalb von 25 Jahren als Einsatzkraft im Dienst der internationalen humanitären Hilfe des Roten Kreuzes sind so zahlreiche kleine Illustrationen und Portraits entstanden, die meinen ganz persönlich gefärbten Blick auf notleidende Menschen eröffnen (**Abb. 0-3**).

a)

b)

c)

Abbildung 0-1: Vor den Aquarellen waren es nur Skizzen:
a) Bewaffnete Soldaten in der Stadt.
b) Kinderstation im Zelt.
c) Improvisierter Krankentransport im Sudan 2004.

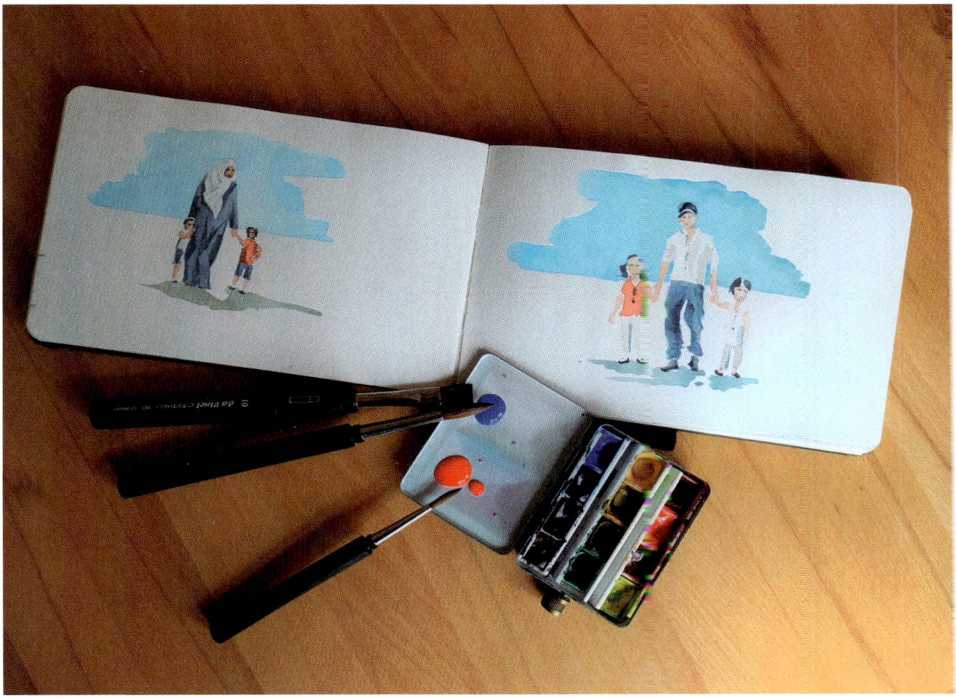

Abbildung 0-2: Mein kleiner Reisefarbkasten und ein Skizzenbuch in Jordanien 2014 (Foto: J. Gardemann)

Dank

Für die großzügige und vielfältige Unterstützung des vorliegenden Buchprojektes danke ich dem DRK-Landesverband Westfalen-Lippe in Münster und dem DRK-Blutspendedienst West in Ratingen und natürlich der Hogrefe-Verlagsgruppe in Bern, hier ganz besonders Herrn Jürgen Georg und Frau Martina Kasper.

DRK-Blutspendedienst West

DRK-Landesverband
Westfalen-Lippe e.V.

Abbildung 0-3: Krankheiten, Hunger und Not im Sudan 2004.

Illustrationen und Erlebnisse

In den folgenden dreizehn Berichten werden Erlebnisse aus Einsätzen der humanitären Hilfe in Afrika, Asien, der Karibik und Europa nach Naturkatastrophen und kriegerischen Auseinandersetzungen beschrieben. Die persönlichen Eindrücke des Autors, von ihm festgehalten in Skizzen und Aquarellen, verdeutlichen eindrucksvoll die katastrophalen Lebensumstände und die Not der Menschen und unterstreichen zusammen mit den Berichten die Notwendigkeit, humanitäre Hilfe zu leisten (**Abb. 0-4**)

Abbildung 0-4: Im Sudan des Jahres 2004 herrscht unbeschreibliches Elend.

1
Eine Mahlzeit

Ngara in Tansania, an der Grenze zu Ruanda von August bis Oktober 1995, wo in der Folge des Genozids und des Bürgerkrieges in Ruanda mehr als 500 000 Menschen aus Ruanda Zuflucht fanden.
IFRC (2° 29‘ 40“ S, 30° 39‘ 46“ O)

Im August 1995 habe ich die kostbarste und dabei auch die köstlichste Mahlzeit meines Lebens genossen. Nicht während einer Feier oder in einem Gourmet-Tempel, sondern in einer jämmerlichen Behausung im Herzen Afrikas. Zu dieser Zeit arbeitete ich als Kinderarzt für das Internationale Rote Kreuz im Behelfslazarett eines Flüchtlingslagers namens Benaco nahe Ngara an der Grenze zwischen Ruanda und Tansania (**Abb. 1-1**). Während und nach dem schrecklichen Völkermord in Ruanda waren hunderttausende Menschen dorthin über die Grenze geflohen und lebten nun zusammengepfercht unter schrecklichsten Umständen. Von meinen kleinen Patienten der Kinderstation starb regelmäßig jeder fünfte. Es waren nicht genug Nahrungsmittel verfügbar, um die weltweit vereinbarten 2100 Kilokalorien pro Kopf zu erreichen. Deshalb mussten sich die Lagerinsassen mit durchschnittlich 1700 Kilokalorien und sieben Litern Wasser täglich begnügen. Wohlgemerkt, dieses Wasser musste als Getränk und zur Hygiene ausreichen und die Kalorien gab es seit einem Jahr ausschließlich in Form von Mais und weißen Bohnen, sonst gab es nichts (**Abb. 1-2**).

Benaco war nur eines von insgesamt fünf großen Flüchtlingslagern an der Grenze zu Ruanda mit Namen wie Lumasi, Musuhura, Lukole, Kitali und eben Benaco. Dieses rätselhafte Wort war geprägt worden durch die abblätternden Buchstaben einer Firmenaufschrift auf einem italienischen Autowrack am Straßenrand, in dessen Schatten sich erste Flüchtlinge niedergesetzt hatten. Dem Genozid an der Ethnie der Tutsi waren zuvor etwa 800 000 Menschen zum Opfer gefallen.

Abbildung 1-1: 1995 erstreckte sich im Grenzgebiet von Ruanda und Tansania bei Ngara ein riesiges Flüchtlingslager.

Nun leben hunderttausende Flüchtlinge in einer Großstadt aus Strauchwerk und Zeltplanen hier. Der lockere Wald war zumeist bereits restlos abgeholzt, um Brennholz und Platz für neue Behausungen zu liefern. Die verbleibenden Schirmakazien prägten die Landschaft. Sie sahen aus wie mit einem scharfen Messer an der Oberkante gerade abgeschnitten (**Abb. 1-3**).

Das Zeltkrankenhaus lag genau in der Mitte dieser fremdartigen Welt. Die Sterblichkeitsrate der Kinderstation dort betrug etwa dreißig Prozent, was zum großen Teil auf die Fehlernährung und dadurch auf schwerstverlaufende Malariaerkrankungen zurückzuführen war (**Abb. 1-4, 1-5, 1-6**). Neben der Malaria stellte Durchfall durch Amöben, Shigellen und andere Erreger eine lebensbedrohliche Erkrankung dar. Oft sahen wir auch noch die Opfer gewalttätiger Auseinandersetzungen mit Verstümmelungen durch Macheten, Speere oder Pfeile. Ratten, die nicht im Kochtopf gelandet waren, fielen nachts Schlafende an und verbissen sich in die Finger besonders der Kleinkinder.

Die deutsche Kolonialpolitik des ausgehenden neunzehnten Jahrhunderts hatte den schrecklichen Völkermord mit über 800000 Erschlagenen verursacht,

Abbildung 1-2: 1995 im Lager Benaco: Nach langer Hungerphase muss die Ernährung ganz behutsam aufgebaut werden.

Abbildung 1-3: Ein abendlicher Blick aus Tansania im Jahr 1995 auf die berühmten „tausend Hügel" von Ruanda.

denn die damalige deutsche Kolonialmacht hatte sich mit der Minderheit der Tutsi verbündet, um die Mehrheit der Hutu zu unterdrücken. Nach dem verlorenen Krieg mussten die Deutschen dann 1918 ihre Kolonialprovinz Ruanda an Belgien und deren Kongo abtreten. Seit den ersten freien Wahlen 1961 lag die Macht natürlich bei der Bevölkerungsmehrheit, die jetzt ihrerseits die Tutsi der Kollaboration mit den kolonialen Besatzern beschuldigten und sie deswegen drangsalierten und verfolgten. Der Konflikt zwischen Hutu und Tutsi war auch nicht zuletzt aufgrund des Bevölkerungswachstums immer weiter eskaliert und auch wegen der zunehmenden Nutzung von Anbauflächen für Exportgüter anstatt zur Nahrungsmittelproduktion für den inländischen Bedarf.

In unserem Behelfskrankenhaus arbeitete ein bedächtiger und liebenswerter Lehrer aus Ruanda als Hilfskraft, Monsieur Augustin. Eines Abends überraschte er mich mit einer Einladung zum Essen mit seiner Familie in seinem Hause. Das ist ja an und für sich nichts Ungewöhnliches, aber als verhältnismäßig gutgenährter Europäer von einer Flüchtlingsfamilie mit 1700 Kilokalorien an Mais und Bohnen pro Kopf und Tag zum Essen eingeladen zu werden, ist zumindest bemerkenswert. Eine Ablehnung der Einladung wäre aber auch äußerst unhöflich

Abbildung 1-4: Das Glück der Mutter nach überstandener Krankheit ihres Kindes.

Abbildung 1-5: Die Pflege der kleinen Patienten im Hospital in Tansania wird 1995 überwiegend von den Müttern geleistet.

Abbildung 1-6: Unser tansanischer kinderärztlicher Kollege 1995.

gewesen. Was war also zu tun? Ich ertappte mich schließlich dabei, wie ich am Tag vor unserer Verabredung in Gegenwart von Monsieur Augustin ganz nebenbei einige tansanische Banknoten liegenließ, die er dann wohl ebenfalls versehentlich einsteckte. Kurzum, Monsieur Augustin verfügte anschließend über genug Kapital zum Einkauf auf dem Schwarzmarkt des Lagers. Am Tage meines Besuches hatte ich einen freien Nachmittag. Eigentlich hatte ich nie einen freien Nachmittag und überhaupt nie einen freien Tag, aber an diesem Tage hatte ich es so eingerichtet, dass ich bei Tageslicht mitten in das Lager eintauchen und auch wieder hervorkommen konnte. Denn nach Anbruch der Dunkelheit, was ja am Äquator immer pünktlich um 18.00 Uhr geschieht, war es dort besonders für einen Weißen nicht ganz ungefährlich.

So wartete Monsieur Augustin am Krankenhaustor auf mich und wir marschierten los, hinein in eine völlig regellose Ansiedlung von beinahe einer Million Menschen. Endlos marschierten wir gemeinsam durch immer engere Gassen und Durchgänge, vorbei an hunderttausenden ausgemergelten Gesichtern, die uns als seltsames Paar in der Mitte des größten Elendsquartiers der Welt neugierig musterten. Ungeahnte Anblicke zeigten sich mir, so gab es sogar ein „Sheraton-Hotel“, auf dessen Holzkohlegrill kleine Vierbeiner geröstet wurden, deren wahre Natur ich eigentlich gar nicht zu wissen wünschte. Plötzlich öffnete sich der Hüttendschungel zu einem kleinen offenen Platz, der von außerhalb überhaupt nicht zu erkennen war, dem Schwarzmarkt. Fahrräder gab es dort und Handnähmaschinen, aber auch Mais, Reis, Tomaten, Kochbananen und besonders auch Bier. Sehr viel Bier, das in alten Ölfässern aus großen Anteilen der Maisration für die Familien gebraut worden war.

Dann kamen wir zu einem improvisierten Marktstand, der große Stücke Holzkohle feilbot, die merkwürdigerweise an einer Art Wäscheleine baumelten. Die Kohle glitzerte in der Tropensonne so ähnlich wie die großen Stücke Anthrazit, die meine Mutter in meiner Kindheit bei strengem Frost in den Küchenherd geschoben hatte. Monsieur Augustin ging auf den Kohlenmann zu und suchte mit Kennerblick ein merkwürdig großes und langes Stück der Kohle aus. Als der Kohlenmann dann eine Machete hervorzog und das Kohlenstück damit bearbeitete, sah ich, dass es gar keine Kohle war. Es war ein Bein von einem Tier, das in der Gegend des Lagers gewildert worden war, eine Gazelle vielleicht. Der Kohlenmann war also ein Fleischer und er streifte nun gekonnt mit der Machete die fingerdicke lebende Schicht glitzernder schwarzer Fliegen ab, die das kurz rosa sichtbare Fleisch des Tierbeines bevölkerte. Neben dem Tierbein erwarben wir noch zwei Kochbananen, ein Stück Seife für Madame Augustin und eine Scheibe Brot als Geschenk für die kleine Tochter. Mit unseren Einkäufen kamen wir alsbald fliegenumschwärmt zum Anwesen der Familie Augustin, das aus einer blauen Plastikplane und vier Holzpfosten bestand, aber immerhin ein Brett als Sitzgelegenheit enthielt.

Madame Augustin begrüßte mich mit ihrer kleinen und sehr dünnen Tochter, die anfangs mit dem ihr unbekannten Brot nichts anzufangen wusste, dann aber strahlend dessen Zweck erkannte. Eine nach Hunderten zählende Nachbarschaft bestaunte den weißen Besuch. Ein Nachbar kurbelte unentwegt an einem dynamobetriebenen Mittelwellenempfänger, um für das musikalische Rahmenprogramm zu sorgen. Madame Augustin verschwand mit den Einkäufen und der Fliegenwolke hinter der Hütte und verursachte dort ein blechernes Geklapper. Einige Stunden verbrachte ich nun mit Monsieur Augustin auf seinem Brett im Gespräch über Ruanda, die Deutschen, die Belgier, den Völkermord und die Zukunft. Allmählich mischten sich in den allgegenwärtigen Qualm aus tausenden kleiner Kochfeuer interessante Bratendüfte, die mich an die Sonntagvormittage meiner Kindheit erinnerten.

Madame Augustin trug auf. Drei Löffel hatten wir und drei farbige Plastikteller. Wahrscheinlich der Besitz der gesamten Nachbarschaft. Undefinierbar lag jetzt eine bräunliche Masse mit dunklen Partikeln darauf. Ich musste an die vermeintliche Kohle denken. Wir wünschten uns guten Appetit und Gottes Segen. Der erste vorsichtig genossene Löffel war dann die Offenbarung. Da sie ja tatsächlich nur über einen einzigen Topf verfügte, hatte Madame Augustin einen Eintopf gezaubert, ein Stew, ein pot-au-feu, ein cocido, ein piatto preferito, kurzum eine Köstlichkeit aus Kochbanane, Mais, Bohnen und einem Fleisch, wie ich es zarter und schmackhafter niemals wieder gegessen habe. Natürlich verkniff ich mir den angebotenen Nachschlag, was für mich jetzt ein wirkliches Opfer war, wurde aber durch den Anblick der erneut inständig kauenden Familie Augustin mehr als entschädigt, die dünne Tochter jetzt auf dem Schoß der Mutter und von deren Teller essend.

In dieser Hütte im finstersten Winkel der Verlassenheit habe ich von der andächtig speisenden Familie Augustin gelernt, dankbar zu sein für eine jede Mahlzeit. Bis heute verspüre ich jedes Mal diese Dankbarkeit beim Essen. Eine so köstliche Mahlzeit wie der Eintopf mit der vermeintlichen Holzkohle habe ich seither nirgendwo auf der Welt mehr serviert bekommen.

2
Ein weißes Kind

Ngara in Tansania, an der Grenze zu Ruanda von August bis Oktober 1995, wo in der Folge des Genozids und des Bürgerkrieges in Ruanda mehr als 500 000 Menschen aus Ruanda Zuflucht fanden.
IFRC (2° 29‘ 40“ S, 30° 39‘ 46“ O)

Ich kannte auch ein weißes Kind aus Ruanda. Nicht weiß wie die Europäer, die sie dort mitleidig in der Swahilisprache als „Wasungu“ bezeichnen. Ein eher transparentes und fleischiges Weiß. Es erinnerte mich sofort an einen gekochten Fisch. Denn auch das weiße Kind war komplett gesotten worden. Ein vom Feuer umstürzendes Fass voll mit 150 Litern sprudelnd kochenden Wassers hatte die drei Geschwister verbrüht. Zwei davon waren schon tot. Das dritte Kind, das weiße Kind also, lebte aber noch.

Das weiße Kind schaute mich an aus einer Wolke schwarzer Fliegen. Rings um seine Augen waren noch Reste ungekochter dunkler Haut, die dem weißen Kind in seinem Schmerz so etwas Absurdes wie Lachfalten verliehen. Der Lidreflex hatte Augen und Augenlider vor dem siedenden Wasser bewahrt. Die Kinderaugen fixierten mich. Das weiße Kind schrie nicht, weinte nicht, zitterte nicht. Es war vollkommen ruhig, dem Schmerz ganz hingegeben. Nur die Augen des weißen Kindes flehten durchdringend. Die Unterlippe war leicht vorgeschoben in einem vergeblichen Versuch zu weinen. Immer mehr Fliegen nahmen die Witterung des weißen Kindes auf. Ein neues Moskitonetz wurde ausgepackt, um das weiße Kind bei seinem lautlosen Sterben wenigstens vor den kreisenden Fliegen zu beschützen (**Abb. 2-1**). Morphin musste tief in das noch durchblutete Gewebe gespritzt werden. Mehr war nicht zu tun.

Der Vater hatte schreiend und rennend mit seinen Nachbarn die drei verbrühten Kinder zum Hospital getragen. Ausgerechnet er selbst hatte im Lager ein

Abbildung 2-1: Wie eine weiße Pyramide leuchtete das neue Moskitonetz.

150-Liter-Fass voller Wasser auf einem offenen Feuer zum Kochen gebracht, um aus der Getreideration Maisbier für den Schwarzmarkt zu brauen. Jetzt schaute er fassungslos gemeinsam mit dem ihm einzig bleibenden gesunden Sohn auf das weiße Kind (**Abb. 2-2**).

Die Mutter war schon dem Genozid im Heimatland zum Opfer gefallen. Das jetzt sterbende Kind war danach mit dem Vater und seinen Geschwistern nach Tansania geflohen. Es hatte seine kurze Lebensspanne trotzig überstanden angesichts von Macheten und Keulen in Ruanda, von Hunger, Schmutz und Malaria in Tansania. Dann war es doch zum Opfer gefallen, ausgerechnet dem eigenen Vater und seiner Bierbrauerei. Ein sinnloserer Tod ist nicht vorstellbar. Die übrigen kleinen Patienten und ihre Mütter im Hospital hielten inne. Neugierig und zaghaft wendeten sie sich dem Bett des weißen Kindes zu.

Schließlich versammelten sie sich alle um das weiße Kind. Eine lange Stunde dauerte sein Sterben. Diese Stunde war feierlich und andachtsvoll. Die Kinderstation war eine dämmerige Baracke mit rostigem Wellblechdach. Während der Regenzeit hatte das einen Höllenlärm erzeugt. Das einzige neue Moskitonetz leuchtete jetzt als weiße Pyramide an der Stirnseite gegenüber der Eingangstür. Im Mittelgang zwischen den Feldbetten stellten sich Mütter mit ihren Kindern wartend an. Nacheinander gingen sie zu der weißen Pyramide und schauten in die Augen des weißen Kindes. Die Kinderstation verwandelte sich für kurze Zeit in einen Ort der Andacht. Alle hier hatten ihre eigenen Erfahrungen mit dem Sterben. Aber das Leid des weißen Kindes erschütterte jeden auf der Kinderstation, so auch die beiden Brüder, die sonst immer schon so männlich wirken wollten. Oder die Zwölfjährige, die nach dem Tod der Mutter Verantwortung für ihre jüngeren Geschwister trug. Als die Nase des weißen Kindes spitz und seine Augen starr und glasig wurden, herrschte Stille wie sonst nie. Nur die schwarzen Fliegen hörte man, denn sie bekümmerte das nicht. Der Leichnam musste versorgt werden. Bei der tropischen Hitze zog er immer mehr Ungeziefer an. Der Vater wickelte sein totes Kind in ein Betttuch und trug das Bündel in einer Wolke von Fliegen davon (**Abb. 2-3**).

Die Mütter drückten ihre fiebernden Kinder noch fester an sich und wandten sich ab, um sie wieder zurück auf die Krankenbetten zu legen. Als der Vater schließlich mit seinem jetzt einzig verbleibenden Sohn und der Kinderleiche unter dem Arm die Station verließ, sah es aus, als habe er für seine Familie ein Brot dabei. Als so das weiße Kind tot und fort war, kehrte der Alltag zurück in die Kinderstation. Wie üblich, starb in diesem Raum jedes vierte Kind. Aber drei von vier Kindern dort überlebten (**Abb. 2-4**). Immerhin.

Abbildung 2-2: Im Zelthospital an der Grenze zu Ruanda werden Kinder 1995 Zeugen von Krankheit und Tod.

Abbildung 2-3: Wie ein eingewickeltes Brot trug der Vater 1995 sein totes Kind unter dem Arm davon, an seiner Hand sein einziges noch verbliebenes Kind.

Abbildung 2-4: Die Fliegen haben einen sicheren Instinkt für bald sterbende Menschen.

3 Kopfschuss

Kigoma/Tansania im August und September 1998, wo sich infolge der Bürgerkriege mehr als 50 000 Flüchtlinge aus dem Kongo und aus Burundi aufhielten.
IFRC (4° 53‘ 38“ S, 29° 37‘ 48“ O)

Eigentlich war unser Auftrag die Versorgung tausender Flüchtlinge aus Burundi und Ruanda in den Lagern nahe der tansanischen Hafenstadt Kigoma am Tanganjika-See. Täglich trafen Neuankömmlinge in Kigoma ein, die sich oft viele Monate im Busch und Wald versteckt gehalten hatten unter Lebensbedingungen wie in der Steinzeit, ausgehungert, ungepflegt, oft nur in Baumrinde oder Blätter gehüllt und mit Gesichtern voller Angst und Entsetzen. Unter den Kindern verstarben viele auch noch nach der Ankunft im sicheren Tansania, da die Fehlernährung und die tropischen Krankheiten schon zu weit fortgeschritten waren.

Die schwere Mangelernährung tritt in zwei klinisch verschiedenen Formen auf. Als Marasmus bezeichnen wir die Unterernährung ohne Ödeme (**Abb. 3-1**), Kwashiorkor wird die wesentlich gefährlichere Form mit massivem Eiweißverlust, generalisierten Wassereinlagerungen und einer typischen Entfärbung der Haare genannt (**Abb. 3-2**).

Am jenseitigen Ufer des Tanganjika-Sees, im Ostkongo, tobte ein Bürgerkrieg, die Kabila-Armee versuchte dort, die Banjamulenge-Rebellen niederzuringen. Der See ist etwa 50 Kilometer breit und schützt damit das neutrale Tansania weitgehend, stellt aber für Boote eigentlich kein unüberwindliches Hindernis dar. In jeder Nacht glitzerte der See wie eine Galaxis wegen der zahllosen Kerosinlampen, mit denen die Fischer im Bug der traditionellen Boote ihre Beute anlocken wollen. Ohne Licht und im Schutz der Nacht machten sich aber auch Kämpfer aus dem Kongo nach Osten auf, lautlos in ihren Schlauchbooten. Waffenhandel,

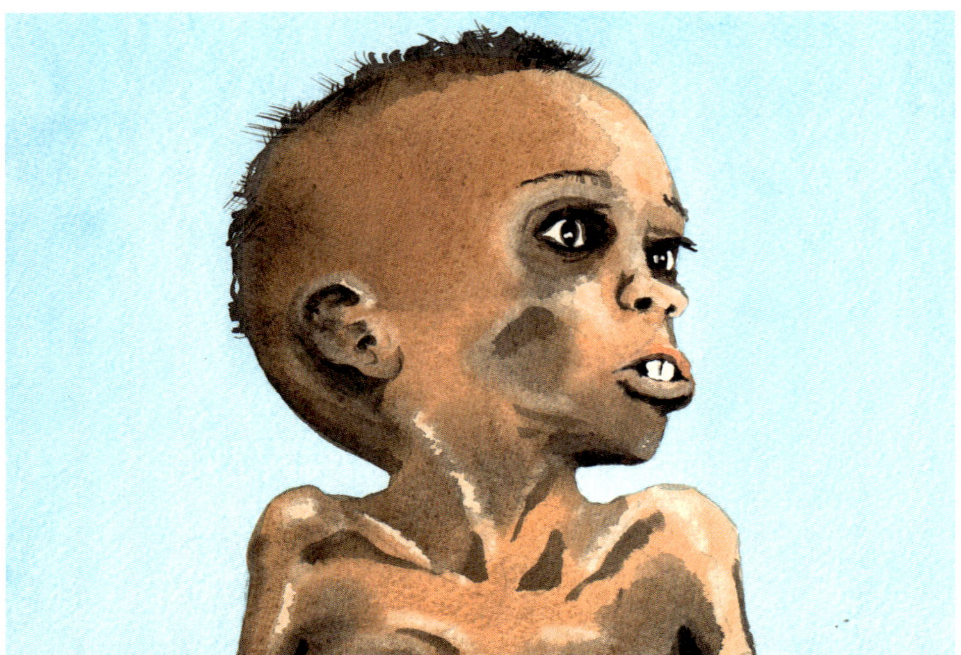

Abbildung 3-1: Extreme Mangelernährung in der klinischen Form des Marasmus 1998 in Tansania.

Schmuggel und weitere kriminelle Aktivitäten hielten diesen nächtlichen Fährverkehr aufrecht. Nachdem sich im kongolesischen Kampfgebiet die Anwesenheit eines mobilen Rotkreuzkrankenhauses am tansanischen Ostufer herumgesprochen hatte, kam so auch ein nächtlicher Verwundetenexport in Gang. Morgens lagen immer häufiger Gruppen verletzter Kämpfer hilflos am Strand, nachdem sie in der Dunkelheit dort abgelegt worden waren. Einige waren bereits während der Überfahrt oder bis zum Morgen gestorben, die Lebenden aber schafften wir regelmäßig in unser Feldkrankenhaus. Oft litten die Verwundeten an den unvorstellbaren Verletzungen und Schmerzen des Schlachtfeldes ohne jede medizinische Hilfe, so wie sie auch 1859 noch Henry Dunant bei Solferino erlebt haben muss. Wir sahen grotesk deformierte Gliedmaßen durch Waffenwirkung oder Gasbrand und schließlich das verdächtig stille Leiden angesichts übermäßiger Schmerzen, nachdem alle Tränen verbraucht und alle Schreie verklungen sind.

Unter den Verwundeten befand sich eines Tages auch ein Junge, nach Zahnstatus vielleicht 12 Jahre alt, genau kann man das wegen der allgemeinen Fehlernährung und der allgemeinen Brutalität aber nicht sagen. Dieser Junge saß aufrecht inmitten von Toten und Verletzten und schaute uns aus eingefallenem Kinderge-

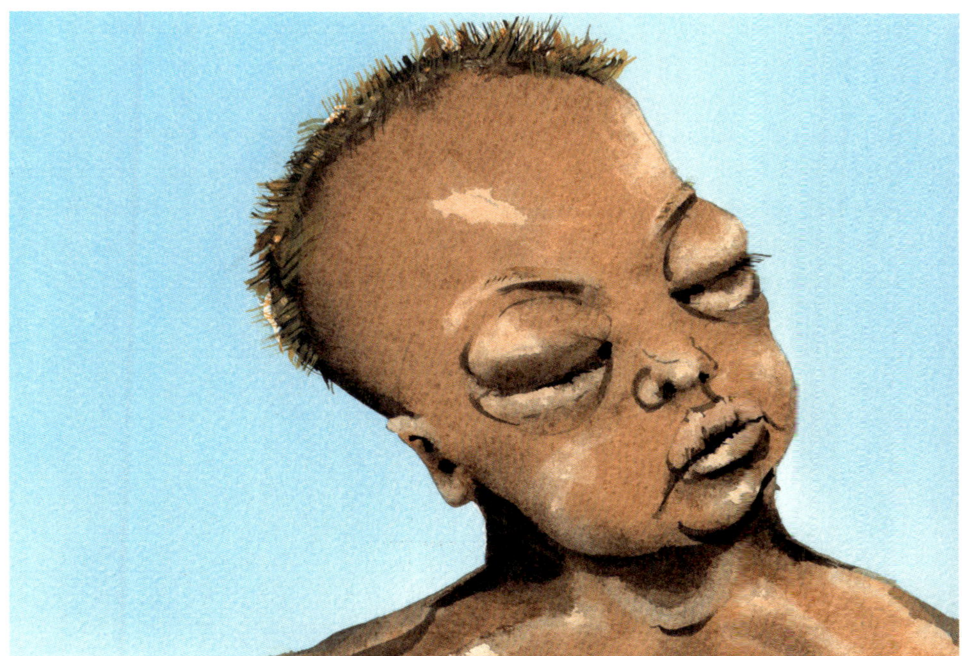

Abbildung 3-2: Extreme Mangelernährung in der klinischen Form des Kwashiorkor 1998 in Tansania.

sicht an. Er trug ein zerschlissenes militärisches Tarnhemd, das von Blut und Schmutz starrte. Dieser Junge hatte ein Einschussloch im Bereich der linken Schläfe und ein Ausschussloch unterhalb des rechten Ohres, aus dem Eiter, Blut und Gehirnmasse quoll. Ein anatomisches Wunder, dass er noch lebte. Die Kugel musste die lebenswichtigen Blutgefäße knapp verfehlt haben. Er klagte nicht, weinte nicht, sondern musterte mich wie einen Außerirdischen.

Wir schafften alle Verwundeten vom Strand zur Behandlung in das nahe tansanische Maweni-Distrikthospital, das wir zu diesem Zweck mit Medikamenten und medizinischem Material aus unseren Beständen beliefert hatten. Für eine neurochirurgische Behandlung aber gab es in der gesamten Region weder Material noch Personal, so dass der Junge nur mit Schmerzmitteln und Antibiotika versorgt werden konnte. Mehrfach habe ich ihn dann dort besucht, jedes Mal schaute er mich stumm und regungslos an, sein Zustand blieb stabil, veränderte sich nicht. Alle seine kongolesischen Kameraden aber waren mittlerweile wieder in der Dunkelheit verschwunden, sobald ihr Zustand es erlaubte. Sie stahlen sich nachts einfach von der Krankenstation und erwarteten offenbar am Strand in der Dunkelheit eines der pendelnden Schlauchboote ihrer Einheiten, die Verwundete brachten und Behandelte wieder abholten, nur um sie wieder in den Krieg zu führen.

Die medizinische Literatur kennt einige erstaunliche Beispiele verwundeter Soldaten, die schon vor der Ära der Chirurgie auch schwerste Kopfverletzungen überlebten. Oft muss ich an den tapferen kongolesischen Jungen mit seinem Kopfschuss denken. Ich wünsche ihm, dass er einer dieser medizinischen Raritäten ist. Aber auch wenn er die Verletzung überlebt hat, dann nur, um erneut wieder in den grausamen Dschungelkampf geführt zu werden.

4
Ein alter Mann

Lager Brazda nördlich von Skopje in Mazedonien im April und Mai 1999, wo infolge des Kosovo-Krieges über 40 000 Flüchtlinge aus Kosovo lebten. IFRC (42° 4' 34" N, 21° 23' 8" O)

Auf der holprigen Graspiste eines Flugplatzes hatten wir unser Feldkrankenhaus errichtet, direkt am Grenzzaun zwischen Mazedonien und der serbischen Provinz Kosovo. Im Frühjahr des Jahres 1999 hatten tausende Flüchtlinge aus dem Kosovo viele Tage und Nächte nahe der Ortschaft Blace ohne jede Infrastruktur verbracht, es gab dort kein Trinkwasser, keine Nahrung und keinerlei sanitäre Anlagen. Nördlich der mazedonischen Hauptstadt Skopje hatte sich ein Auffanglager gebildet, immer mehr Vertriebene und Geflohene trafen im neutralen Mazedonien ein. Nachts überflogen so viele unbeleuchtete Kampfflugzeuge der NATO das Lager Stenkovac und unser Hospital, dass wir das verbrannte Kerosin deutlich riechen konnten. Von den Hügeln jenseits des Grenzzaunes stieg Leuchtspurmunition in den Nachthimmel, dumpfe Bombeneinschläge waren hörbar und oft zuckten Explosionsblitze wie fernes Wetterleuchten. Es gab zwar genug Zelte für die ankommenden Familien, aber es fehlte an jeglicher Ausstattung. So war für die Geflohenen schon der Besitz einer zerrissenen Pappkiste eine Kostbarkeit, denn dann drang nachts wenigstens nicht die Kälte des feuchten Grasbodens durch alle Kleidungsschichten. Mütter verbrachten die kalte Nacht auf dem Rücken liegend, Ihre Säuglinge auf dem Bauch, um ihnen wenigstens die eigene Körperwärme zu spenden. Wurde man tagsüber schon durchnässt, dann wartete die kommende Nacht mit noch größerer Kälte und Nässe (**Abb. 4-1**). Nachts wurde es niemals still im Lager, Gemurmel, manchmal Schreie, ab und zu gespenstisch ein beißendes Lagerfeuer aus Plastikflaschen und Müll, um das sich große Menschengruppen versammelt hatten.

Abbildung 4-1: Kälte und Nässe setzten den Menschen im mazedonischen Lager Stenkovac 1999 schwer zu.

Unsere Kinderstation war überfüllt von kleinen Patienten mit Lungenentzündungen und schweren Durchfallerkrankungen. Ein kleiner Junge starrte mit seinen tief eingesunkenen leuchtend blauen Augen ins Leere, ein klinisches Zeichen schwersten und unmittelbar lebensbedrohlichen Flüssigkeitsverlustes (**Abb. 4-2**).

Nachts herrschte schneidender Frost und tagsüber bei Regen feuchte, schlammige Kälte. Früh am Morgen rief der Muezzin im Lager zum Gebet; aus den Zelten schälten sich daraufhin kaum mehr bewegungsfähige durchgefrorene Gestalten, die voller Dankbarkeit die Ankunft der Morgendämmerung über Bulgarien ersehnten. Stunde um Stunde warteten die Vertriebenen in einer endlosen Schlange bei strömendem Regen auf ihre Nahrungsmittelzuteilung. Teilweise in Hausschuhen und dünnen Hemden tief im Schlamm stehend, schreiende Säuglinge im Arm, die zum Schutz vielleicht nur in eine Mülltüte gewickelt waren, warteten die Mütter stundenlang auf ihre Zuteilung. Graubrauner dünnflüssiger Schlamm färbte schließlich die ganze Szene, nachdem viele der Vertriebenen ausgerutscht und zu Boden gefallen waren. Ein ergreifendes Bild der endlosen im eisigen Schlamm stehenden und gleichsam auch mit Schlamm überzogenen Menschenschlange bot sich mir. Am meisten bedrückte mich die Stille der Szene, Ausdruck der Gefasstheit, aber auch Ausdruck der Verzweiflung, Kraftlosigkeit und Lethargie.

Abbildung 4-2: Tief eingesunkene „halonierte“ Augen eines Kleinkindes als klinisches Zeichen eines lebensbedrohlichen Wasserverlustes 1999 in Mazedonien.

So kam eines Tages auch ein Mann in einem gelben Regenmantel, auf dem Arm ein Kleinkind. Er hatte das Kind in allerhand Tücher und Decken gewickelt (**Abb. 4-3**). Sein Alter war unbestimmbar. Wahrscheinlich war er wesentlich jünger, als er aussah. In fleckiger Kleidung, unrasiert und mit wenigen verbliebenen Schneidezähnen strahlte er uns an, als er vor der Kinderstation erschien. Er streckte mir das Kind entgegen und schien sehr erleichtert zu sein. Er kenne das Kind eigentlich gar nicht, teilte er meiner mazedonischen Kollegin mit, er wolle das Kind nur endlich an einem sicheren Ort abgeben. Am Grenzübergang Blace sei das Tor kurz geöffnet worden, er habe die mazedonische Seite gerade erreicht, da habe eine Mutter ihm ihr Kind durch den Torspalt noch schnell in den Arm drücken können, bevor sich der Übergang wieder geschlossen habe. So sei er losgewandert mit einem ihm fremden Kind auf dem Arm auf der Suche nach Schutz und Nahrung. Jetzt sei er angekommen. Jetzt könne er sich um seine eigenen Angehörigen kümmern.

Er verabschiedete sich höflich und verschwand wortlos und für immer in der grauen Menschenmasse.

Abbildung 4-3: Ein bescheidener alter Mann als unfreiwilliger Retter eines Kleinkindes während des Kosovo-Krieges 1999.

5 Schulkreide

Bam in der Provinz Kerman in der Islamischen Republik Iran von Dezember 2003 bis Februar 2004 nach dem schweren Erdbeben vom 26. Dezember 2003 mit 40 000 Toten, 70 000 Wohnungslosen und 30 000 Verletzten. IFRC (29° 5‘ 40“ N, 58° 20‘ 14“ O)

Die iranische Stadt Bam in der Provinz Kerman muss früher ein orientalischer Traum gewesen sein. Eine komplett erhaltene historische Lehmarchitektur, große Basarhöfe mit Gewölben und Kuppeln, Moscheen, Medresen, Minaretten und mittendrin eine Jahrtausende alte Festung aus Lehm. Das Erdbeben vom 26. Dezember 2003 hatte diese märchenhafte Stadt pulverisiert. Nichts war mehr sichtbar außer Geröllhaufen und Staub. Viele der Opfer des Bebens waren aber nicht erschlagen worden, sie waren am Staub erstickt. Zahllose der Überlebenden litten unter schwerwiegenden Atemproblemen, unter Asthma und Lungenentzündungen (**Abb. 5-1**). Nur Teile der antiken Festungsanlage standen noch, da sie vor vielen Jahrhunderten noch mit Bauholz ausgesteift worden waren. Die wohlhabende Handelsstadt Bam hatte so aber in kurzer Zeit alles verfügbare Holz verbaut, so dass die jüngeren Gebäude dann als reine Lehmbauten ausgeführt worden waren. Von diesen Gebäuden war kaum mehr eine Spur zu sehen. Einige iranische Hunde hatten anfangs noch wenige Überlebende aufgespürt, die internationalen Rettungsteams fanden aber so gut wie kein lebendes Erdbebenopfer mehr. Zur Jahreswende ist es im iranischen Hochland sehr kalt, auf den nahen Bergen lag eine dichte Schneedecke. Neben den Verletzungen durch das Erdbeben und der Versorgung chronisch kranker Menschen war so auch die Behandlung von Brandverletzungen an der Tagesordnung, da überall Lagerfeuer brannten und besonders Kinder immer wieder in diese Feuer stürzten.

Abbildung 5-1: Neben körperlichen Verletzungen kommt es bei Erdbeben immer zu seelischen Erschütterungen wie hier im Iran 2003.

Gemeinsam mit den Kollegen der iranischen Rothalbmondorganisation fuhren wir durch das hügelige Trümmermeer, um die besten Standorte für die verschiedenen Gesundheitsstationen festzulegen. Einmal begegnete uns dabei ein Junge auf einem Mountainbike, der laut johlend die neugeschaffene Buckelpiste für seine Akrobatik nutze, offenbar vergessend, dass darunter zehntausende Tote ruhten (**Abb. 5-2**).

So kamen wir auch zu einer Grundschule in Bam. Völlig zerstört alle Gebäude, die Turnhalle, alles Mobiliar. Die beschriebene Tafel schaute schräg aus den Trümmern, die Wand eines Klassenzimmers einschließlich eines Waschbeckens und der dort zuvor aufgehängten Kinderzeichnungen und Häkelarbeiten lag zersprungen am Boden. Und dann sah ich die Schulkreide. Völlig unversehrt lag da eine ganze Schachtel weißer Tafelkreide. Jedem Schüler ist die Zerbrechlichkeit von Schulkreide bekannt. Schon die Aufregung, zur Tafel kommen zu müssen, reicht doch aus, in der Hand des Schülers das Kreidestück durch festen Druck zu zerteilen. Und wenn es dann auch noch zu Boden fällt, dann ist es meist gar nicht mehr zu retten.

Abbildung 5-2: Bizarres Mountainbiking inmitten der völlig verwüsteten iranischen Stadt Bam 2003.

Ausgerechnet weiße Tafelkreide mit rundem Querschnitt lag also in der Trümmerwüste der Schule. Eine ganze und große Schachtel davon, mindestens 100 Stück, völlig unversehrt. Zehntausende Menschen waren zu Tode gekommen, eine ganze Stadt zu Staub verwandelt, aber eine Schachtel Schulkreide hatte überlebt, ohne jeden Schaden, nicht einmal ein Stück war zerbrochen. Kein Schüler lebte mehr, um damit zu schreiben. An dieser Kreideschachtel wurden mir plötzlich das Ausmaß der Katastrophe und die Sinnlosigkeit der Situation bewusst. Selten bin ich überwältigt worden von Trauer und Mitleid, weil die Opferzahlen unfassbar sind. Aber angesichts der Kreideschachtel habe ich geweint.

6
Nächtliche Geburt

Bam in der Provinz Kerman in der Islamischen Republik Iran von Dezember 2003 bis Februar 2004 nach dem schweren Erdbeben vom 26. Dezember 2003 mit 40 000 Toten, 70 000 Wohnungslosen und 30 000 Verletzten IFRC (29° 5‘ 40“ N, 58° 20‘ 14“ O)

„Doctor on call“, krächzte mein Stichwort aus dem Funkgerät um zwei Uhr am Morgen. Durch die windige, staubige und schneidend kalte Nachtluft eile ich als diensthabender Kinderarzt unter den grell strahlenden Lichtmasten zwischen den Zelten hindurch zum Kreißsaal, wo sich die finnische Hebamme und der iranische Frauenarzt über ein Bett beugten. Eine Frau in der 34. Schwangerschaftswoche hat einen viel zu hohen Blutdruck im Rahmen einer schwerwiegenden Schwangerschaftskomplikation. Der lange Transport auf der Landstraße in das Krankenhaus der Provinzhauptstadt Kerman würde für Mutter und Kind eine große Strapaze und lebensbedrohliche Situation darstellen, also entschieden wir uns für einen Kaiserschnitt hier in Bam. Wir weckten das diensthabende Operationsteam und brachten die Patientin in das Operationszelt (**Abb. 6-1**). Während sie gelagert wurde, bereitete ich auf dem zweiten Operationstisch die Wiederbelebung des zu erwartenden Frühgeborenen vor. Sauerstoffkonzentrator, Absaugpumpe, Beatmungsbeutel und Intubationsbesteck legte ich mir bereit, ebenso die notwendigen Medikamente, die ich vorsorglich schon in der entsprechenden Verdünnung aufzog.

Ein Kaiserschnitt muss naturgemäß immer sehr schnell ablaufen. Schon hält der Chirurg das Neugeborene in seinen Händen und nabelt es dann ab. Kein Laut. Nur der Wind schlägt die Zeltplane gegen das Zeltgestänge, der Generator draußen dröhnt und die Wärmelampe über dem Operationstisch schaukelt leise bei dem Sturm draußen. Immer noch Stille. Ein kleines Frühgeborenes, ein Junge, blass und bläulich, ohne Spontanatmung. Gemeinsam reiben wir ihn trocken und

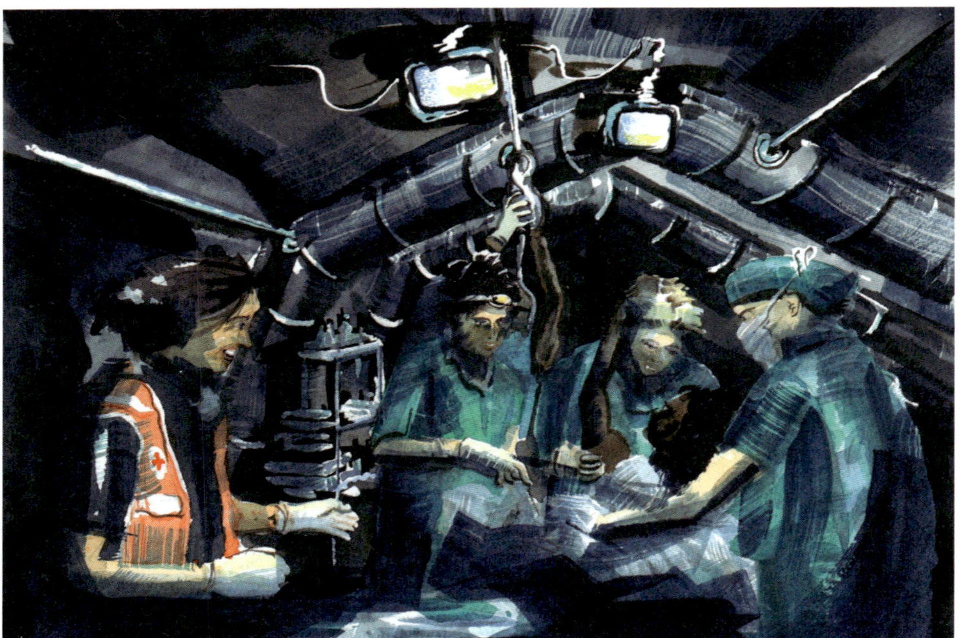

Abbildung 6-1: Nächtlicher Kaiserschnitt.

saugen das Sekret aus seinen Luftwegen ab. Das wird ihm schließlich dann doch zu viel, er atmet tief ein und schreit dann endlich aus Leibeskräften. Wir packen unseren kleinen Patienten in seinen Decken mit Wärmflaschen in eine gut isolierte Transportkiste, damit er auf dem Weg zur Wöchnerinnenstation durch die Nachtluft draußen zwischen den Zelten nicht auskühlt. Auch der Mutter geht es wieder viel besser, gleich nach der Entbindung beginnt der Blutdruck, sich zu normalisieren. 1950 Gramm genau ist das Geburtsgewicht des Kindes, wie wir es auf der Wöchnerinnenstation ermitteln. Hier gibt es einen wunderbar warmen Wickeltisch für die Neugeborenen unter zwei Rotlichtleuchten, die ursprünglich aus der Tieraufzucht stammen, wie ihre Beschriftung verrät. Unser Kleiner ist mittlerweile ganz schön lebhaft und möchte gerne etwas trinken, wie er uns deutlich zu verstehen gibt. Auch die Mutter wird schon einige Minuten später hereingetragen und kann ihren kleinen Sohn sofort in die Arme schließen.

Für mich gibt es da nichts mehr zu tun. Ich werde also versuchen, in dieser Nacht noch etwas Schlaf zu finden. Geburten sind ja eigentlich alltäglich und etwas ganz Normales. Aber nachts bei Sturm in einem Zelt inmitten einer vollkommen zerstörten Stadt mit 40 000 Todesopfern sind sie doch ein kleines Wunder und auch ein Zeichen der Hoffnung (**Abb. 6-2**).

Abbildung 6-2: Bei strengem Frost waren im iranischen Bam im Dezember 2003 besonders die Säuglinge von Unterkühlung bedroht.

7
Ein Krankenhaus

Flüchtlingslager Abshok nahe El Fasher in der Provinz Darfur der Islamischen Republik Sudan im Juni/Juli 2004 mit über 50 000 Bürgerkriegsflüchtlingen. ICRC (13° 37‘ 47“ N, 25° 21‘ 3“ O)

Das Flüchtlingslager Abshok in der unmittelbaren Nähe der Stadt El Fasher im Sudan beherbergte 2004 etwa 45 000 Inlandsvertriebene. Im Vergleich zu vielen anderen Lagern, die wir bei unseren bisherigen Einsätzen gesehen hatten, wirkte diese Einrichtung gut organisiert und übersichtlich, kein Vergleich zu der chaotischen Ansammlung von Menschen und Behausungen, die wir in den Lagern am Rande Ruandas miterleben mussten. Besonders für die frühzeitige Identifizierung lokaler Krankheitsausbrüche im Lager war die regelmäßige und übersichtliche Siedlungsanlage bedeutend vorteilhafter. Endlos reihten sich in Abshok die provisorischen Behausungen aneinander, eingeteilt war das Lager dabei in Segmente, durch Buchstaben und Zahlen gekennzeichnet und einem großen Schachbrett ähnlich.

Die flache sandige Ebene fast ohne jede Vegetation hatte zwar diese übersichtliche Errichtung der Unterkünfte erleichtert, bot aber gegen die sengende Sonne und die häufigen Sandstürme keinerlei Schutz (**Abb. 7-1, Abb. 7-2**). In regelmäßigen Abständen unterbrachen gemeinschaftliche und sanitäre Behelfseinrichtungen die Eintönigkeit der Behausungen. Die einzelne Unterkunft war nichts weiter als ein provisorisches Gerüst aus Stöcken, darüber eine Plane gebreitet. Je nach Herkunftsort waren diese Planen weiß oder blau. Einige Quartiere im Camp hatten auch offenbar noch keine Planen zugeteilt bekommen, hier waren die Lattengerüste nur mit alten Säcken oder großen Blättern gedeckt.

Das El Fasher Teaching Hospital (**Abb. 7-3**) und besonders die Kinderstation dieses einzigen öffentlichen Krankenhauses in El Fasher war aufgrund der vielen zusätzlichen Patienten praktisch handlungsunfähig geworden. Zwischen den einzelnen Baracken lagerten die Wartenden oft tagelang, es wurde hier gekocht und

Abbildung 7-1: Ein aufziehender Sandsturm 2004 im Sudan nahe El Fasher.

Abbildung 7-2: Wie eine rotbraune Walze nähert sich der Sandsturm dem Flüchtlingslager in Darfur.

Abbildung 7-3: Das El Fasher Teaching Hospital im Sudan 2004.

gewaschen. Dazwischen liefen Scharen spielender Kinder umher. Störche und andere große Vögel stelzten auf der Suche nach Essbarem durch die Menge und trugen Abfälle, Essensreste und manchmal auch medizinischen Abfall in ihren Schnäbeln davon. Manchmal verloren sie ihre Fracht und ließen den blutverschmierten Unrat mitten zwischen die Wartenden fallen.

In einer dunklen und stickigen Baracke zwischen den Latrinen und der Tuberkulosestation standen etwa dreißig abgestoßene und ehemals wohl weiß gestrichene eiserne Betten, die aussahen, als stammten sie noch aus der Zeit der Kolonialherrschaft. Die Ventilatoren an der Decke bewegten sich nicht, da es seit Wochen keinen Strom mehr gab für das Krankenhaus. Daher konnte man jetzt auch erkennen, dass sie gleichmäßig braun von lauter Fliegenkot waren. Lautestes Geräusch in diesem Krankensaal war das Gesumme tausender Fliegen, die eifrig zwischen den überquellenden Latrinen im Hof und den Gesichtern der abgemagerten kleinen Patienten hin- und herpendelten. Über den Betten befanden sich Reste ehemaliger Moskitonetze und hingen bewegungslos schlaff in der heiß abgestandenen Luft herunter. In jedem Bett lagen oder saßen als Patienten mindestens drei Säuglinge oder Kleinkinder, umringt von den dazu gehörenden Müttern und weiteren Kindern.

Unser Besuch dieser Kinderstation rief Staunen bei den Anwesenden hervor, allgemein herrschte eine sprachlose Stimmung verzweifelter Hoffnungslosigkeit angesichts des völligen Fehlens von brauchbarem medizinischen Material zur Behandlung der schweren kindlichen Erkrankungen und Ernährungsstörungen. Einige Kleinkinder saßen oder lagen ganz lethargisch und völlig entkräftet auf dem Boden und hatten es schließlich sogar aufgegeben, die zahllosen hartnäckigen Fliegen aus dem Gesicht, den Augen und den Mundwinkeln zu verscheuchen. Diese Schwärme schwarzer Fliegen haben immer eine ausgesprochene und widerwärtig penetrante Vorliebe für die Schwerstkranken und Sterbenden. So sind einige Patienten immer regelrecht eingehüllt in Fliegenwolken, während gleichzeitig die Kranken im Nebenbett völlig unbelästigt bleiben können.

Geduldig warteten die Menschen unter einem großen Baum am Eingang unserer neuen Basisgesundheitsstation Abshok, bis sie an der Reihe waren, die Männer in ihren weißen Kitteln und Turbanen auf der einen Seite, die Frauen in ihren bunten Tüchern auf der anderen Seite.

Etwa jede halbe Stunde gingen wir zusätzlich mit unseren hiesigen Mitarbeitern durch die Menge der Wartenden, um die akut schwer Erkrankten und Bedrohten aus der wartenden Menge herauszuholen und dann sofort in die Behandlungszelte zu bringen. Kleine Säuglinge mit aufgetriebenen Leibern, den Gesichtern alter Menschen und hell-stumpfer Haarfarbe, schwer unterernährt und ausgetrocknet, unter den bunten Tüchern der Mütter so einfach gar nicht zu entdecken (**Abb. 7-4**).

Abbildung 7-4: Mütter tragen 2004 ihre Kinder unter ihren bunten Gewändern ins Zeltkrankenhaus bei El Fasher.

Wenn wir dann durch die Reihen der geduldig Wartenden gingen, kam in die Menge eine ganz leichte und kaum merkbare wellenförmige Bewegung, Hände streckten sich empor, Mütter hielten ihre Kinder hoch, Alte zeigten ihre Gebrechen und Behinderungen, ganz sanft wurde man von zahllosen Händen berührt, aber alles in Lautlosigkeit und großer Disziplin (**Abb. 7-5**). Unsere Entscheidungen wurden nie kritisiert, und wenn wir mit den Schwerkranken wieder in die Station gingen, dann ordnete sich die Menge der Wartenden wieder, die Männer auf der einen Seite, die Frauen auf der anderen Seite des kaum Schatten spendenden Baumes.

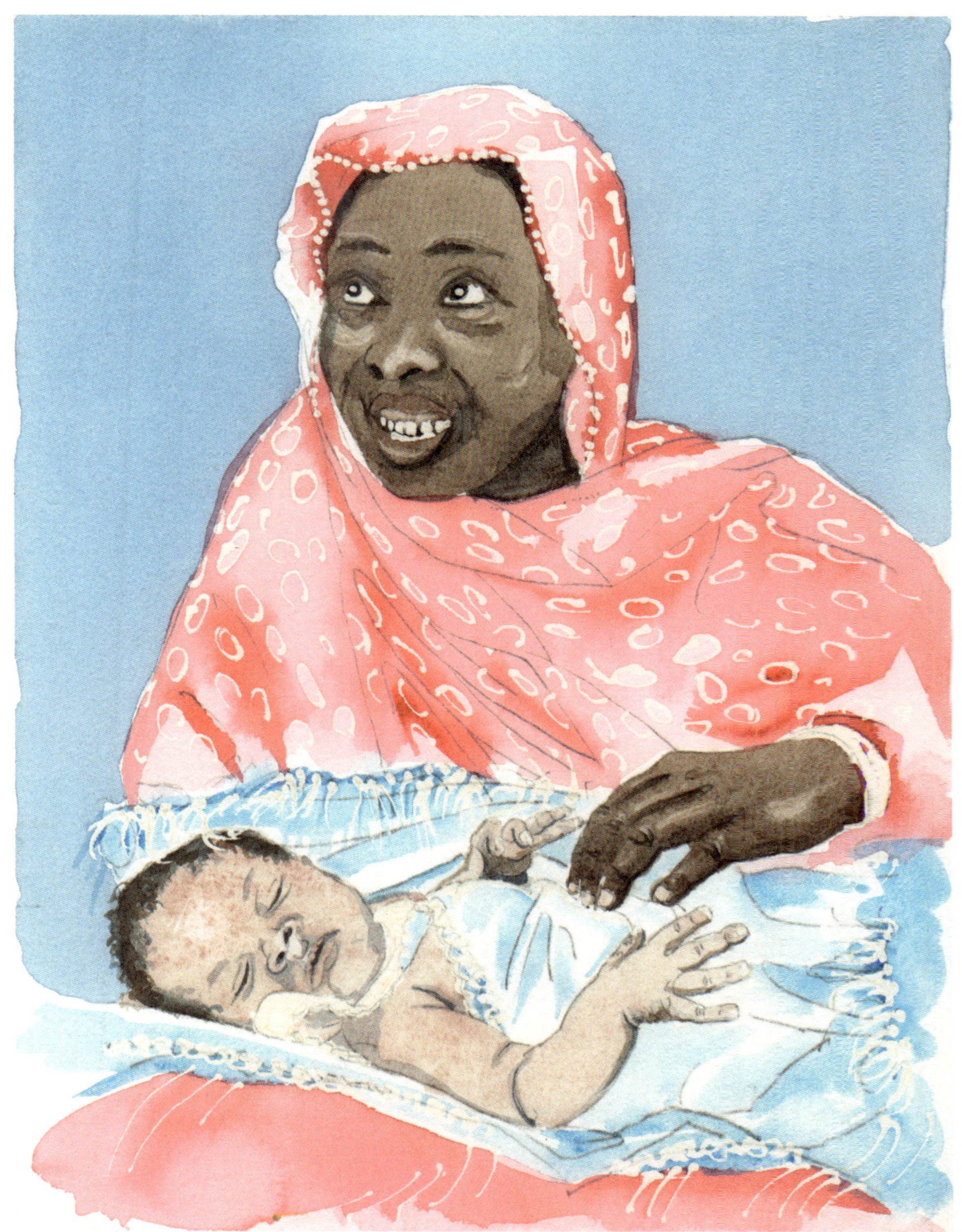

Abbildung 7-5: Ein Neugeborenes im Arm der glücklichen Mutter im Sudan 2004.

8
Grenzkontrolle

Putthukudiyiruppu im abtrünnigen Tamilengebiet im Nordosten von Sri Lanka im Januar und Februar 2005 nach dem verheerenden Tsunami vom 26. Dezember 2004 mit 40 000 Todesopfern alleine in Sri Lanka.
ICRC (9° 18‘ 53.7“ N, 80° 42‘ 54“ O)

Die Tsunamikatastrophe vom 26. Dezember 2004 hatte mit dem Norden Sri Lankas ein weiteres Bürgerkriegsgebiet fernab öffentlichen Weltinteresses heimgesucht. Seit achtzehn Jahren bekämpften sich im Norden der Insel tamilische Befreiungstiger (LTTE) und Regierungssoldaten. Letzter Höhepunkt des Konfliktes war die Schlacht am Elefantenpass im März 2000 gewesen. Seither hatte sich die Demarkationslinie weiter nach Süden verlagert, da die Rebellen erhebliche Geländegewinne machen konnten. Die Flutwelle hatte in diesem Teil des tropischen Inselparadieses keine Hotelanlagen und Bungalows vernichtet, keine Touristenkameras haben gefilmt, wie das Wasser in Swimmingpools und Speisesäle eindrang. Das Interesse der Medien war entsprechend bescheiden und nicht mit der Berichterstattung aus den Touristikzentren zu vergleichen.

Hier im Rebellengebiet waren tamilische Kämpfer ertrunken, als sie am Strand in ihren Unterständen Wache hielten, Fischer, die mitsamt ihren armseligen Behausungen ins Meer hinausgezogen worden sind und Kinder auf ihrem Weg zur Schule. Allein in dem kleinen Flecken Putthukudiyiruppu hatte man 386 Leichen zusammengetragen und gelegentlich wurden weitere unkenntliche Opfer angeschwemmt. Am Strand fanden sich rostige Stacheldrahtrollen, Reste militärischer Stellungen und sehr viel Unrat aus dem Inland. Eine Gefahr stellten auch die Landminen dar, die durch die Wucht des Wassers aus ihren Minenfeldern gelöst und andernorts angeschwemmt worden sind, gefährlich besonders für die spielenden Kinder und die Holz sammelnden Frauen. In den letzten zwei Jahren vor der Katastrophe hatte sich eine gewisse militärische und politische Entspannung abgezeichnet und bei den leidgeprüften Bewohnern der umkämpften Gebiete Friedenshoffnungen genährt. Zerschossene Häuser waren geflickt, abgedeckte Dächer gedeckt und Reisfelder wieder bewirtschaftet worden. Die Flut hatte nun alle Bemühungen um einen bescheidenen Wiederaufbau wieder zerschlagen. Mindestens sechs Jahre sollte es dauern, bis die versalzenen Felder wieder nutzbar waren.

Im Krankenhaus (**Abb. 8-1**) half mir ein Schuljunge mit stark infizierter Kopfverletzung beim Zusammenbau des Klinikmobiliars. In seinem Leben hatte er bisher nur Krieg, Angst, Entbehrung und Rationierung kennengelernt. Die Flut hatte ihm dazu noch Angehörige und Freunde genommen und auch ihn fast das Leben gekostet, wie vielen kleinen Kindern, die im Krankenhaus versorgt wurden (**Abb. 8-2**). Dieselbe Katastrophe hatte aber ironischerweise nun auch erst ermöglicht, dass unsere umfangreiche Hilfslieferung das Niemandsland passieren durfte und dass er nun mit sichtlicher Freude und mit Feuereifer an der Rekonstruktion der Gesundheitsversorgung in seinem Dorf teilnehmen konnte.

Abbildung 8-1: Das Krankenhaus in Putthukudiyiruppu, Sri Lanka 2004: Das Rote Kreuz als völkerrechtliches Schutzzeichen angesichts der Luftangriffe im Bürgerkrieg.

Abbildung 8-2: Opfer von Bürgerkrieg und gleichzeitiger Flutkatastrophe 2004 in Sri Lanka.

Die Demarkationslinie zwischen Regierungsgebiet und Rebellenterritorium sah aus wie die Stacheldrahtverhaue des ersten Weltkrieges. Unsere Fahrzeuge konnten nur durch enge Gassen im Schritttempo passieren. Auf der Regierungsseite wurden wir von Regierungssoldaten in braunen und sehr britisch aussehenden Uniformen kontrolliert, auf der Rebellenseite übernahmen diese Aufgabe Befreiungstiger in blauen Uniformen und mit hohen Kopfbedeckungen wie französische Polizisten (**Abb. 8-3**).

Als Angehörige des Roten Kreuzes wurden wir von beiden Konfliktparteien vergleichsweise höflich und korrekt behandelt. Ganz anders zeigte sich uns der Umgang der Rebellen mit Angehörigen der Vereinten Nationen. Deren Fahrzeuge wurden bei jedem Grenzübertritt in das Tamilengebiet fast vollständig auseinandergenommen und stundenlang aufgehalten. Einen am Straßenrand gelangweilt rauchenden Rebellenoffizier in seiner typischen enggeringelten Tarnuniform fragte ich nach dem Grund für diese sehr unterschiedliche Behandlung.

Er antwortete mir im besten Oxford-Englisch: „Sir, worldwide the Red Cross is the Red Cross, but the United Nations are the United Nations and are not the United Rebels.“

Abbildung 8-3: Die Uniformen der Tamil Tigers im Norden Sri Lankas erinnerten an die der französischen Polizei.

9 Kaiserschnitt

Dujiangyen in der Provinz Sichuan in der Volksrepublik China im Mai und Juni 2008 nach dem Erdbeben vom 12. Mai 2008 mit 70 000 getöteten und über 300 000 verletzten Menschen.
IFRC (30° 56‘ 40“ N, 103° 36‘ 23“ O)

Am 12. Mai 2008 ereignete sich in der chinesischen Provinz Sichuan mit Schwerpunkt im Landkreis Wenchuan ein verheerendes Erdbeben, das selbst noch im 1500 km entfernten Peking Schäden verursachte und nach der amtlichen Zählung vom 23. Juni 2008 fast 70 000 Todesopfer forderte. Nachdem die chinesische Regierung Hilfsangeboten aus dem Ausland zunächst ablehnend begegnet war, konnte aufgrund bilateraler Vereinbarungen zwischen dem Chinesischen und dem Deutschen Roten Kreuz unter Beteiligung der jeweiligen Regierungen am 22. Mai ein Frachtflugzeug mit dem kompletten Feldhospital einschließlich zweier Geländewagen vom Flughafen Berlin-Schönefeld aus in die Provinzhauptstadt Chengdu aufbrechen. Insgesamt zwölf ehrenamtliche Auslandsdelegierte mit überwiegend technischem oder administrativem Tätigkeitsschwerpunkt begleiteten das Material bis in den Bestimmungsort Dujiangyan, etwa 60 km westlich der Stadt Chengdu. Hier – auf einem extra stillgelegten Autobahnabschnitt – sollte das Zelthospital das zerstörte Volkskrankenhaus Nr. 1 ersetzen, um damit die medizinische Grundversorgung der Bevölkerung im Umkreis von Dujiangyan bis zur Erstellung eines neuen Krankenhausgebäudes in einigen Jahren zu gewährleisten (**Abb. 9-1**). Aufgrund einer beispiellos effizienten Zusammenarbeit mit Ehrenamtlichen vor Ort, Angehörigen der nationalen Rotkreuzgesellschaft und mit den Behörden konnte die reguläre Patientenversorgung nach einer Rekordzeit für den Aufbau von knapp 50 Stunden nach Ankunft im Einsatzgebiet beginnen. Täglich wurden etwa 700 ambulante Patienten betreut bei einer stationären Kapazität von 120 Krankenhausbetten.

Abbildung 9-1: Dujiangyen in der Volksrepublik China 2008: Auf einer stillgelegten Autobahn wurde unser Zeltkrankenhaus errichtet.

Ein besonders bewegender Moment war dabei der erste Kaiserschnitt im Operationszelt. Unsere chinesischen ärztlichen Kollegen fühlten sich zunächst in der ungewohnten Umgebung eines Zeltes sehr unsicher und wollten die Patientin noch schnell in das Krankenhaus nach Chengdu verlegen. Der Zustand des Ungeborenen aber machte die sofortige Entbindung unvermeidlich. Der Kaiserschnitt erfolgte schnell und routiniert, der neugeborene Junge war unversehrt und schrie sofort. Die anwesende chinesische Hebamme hielt ihr eingeschaltetes Sprechfunkgerät an den Mund des Neugeborenen und übertrug so seine kräftigen Schreie auf Dutzende von Empfängern in den Kitteltaschen des Krankenhauspersonals, das spontan überall applaudierte. Unser erstgeborener Junge hatte ein Geburtsgewicht von 3600 Gramm und erhielt von seinen Eltern aus Freude den Namen „Zhong-De“, was übersetzt „China-Deutschland“ heißt. Zhong-De wurde so schnell zu einer Berühmtheit in China, wird aber sicher lebenslang unter seinem ungewöhnlichen Namen zu leiden haben.

Der Gesundheitsminister der Volksrepublik China besuchte das Zeltkrankenhaus kurz nach dessen Inbetriebnahme und eine Abordnung der Auslandsdelegierten wurde vom chinesischen Außenminister empfangen. Die Akzeptanz unserer Hilfe in China bei Betroffenen (**Abb. 9-2**), einheimischem Gesundheitspersonal, Regierung und Behörden wurde dabei ganz wesentlich gefördert durch unsere frühzeitige Ankündigung des geplanten Rückzuges und der kompletten Übergabe unmittelbar nach der Aufbau- und Einarbeitungsphase. So konnte bereits am 15. Juni 2008 das Zeltkrankenhaus des Roten Kreuzes komplett an das Chinesische Rote Kreuz ausgehändigt und für die Zeit nach der Nutzung als Ersatzkrankenhaus von Dujiangyan dauerhaft in die Katastrophenvorsorge der Volksrepublik China eingegliedert werden.

Abbildung 9-2: Das Entsetzen über das Erlebte steht Mutter und Kind 2008 im Gesicht geschrieben.

10
Gedenktag

Carrefour bei Port au Prince in Haiti im Januar und Februar 2010 nach dem Erdbeben vom 12. Januar 2010 mit geschätzten 200 000 Toten und 300 000 Verletzten.
IFRC (18° 32‘ 4“ N, 72° 24‘ 36“ W)

Unter einem Baum saß eine Gruppe von Männern auf weißen Campingstühlen im Schatten. Darum gruppiert waffentragende Personenschützer. Das war wohl die Regierung, Präsident René Garcia Préval in der Mitte. Ich war auf der Suche nach dem Gesundheitsminister. Wir hatten aus Berlin gemeinsam mit Angehörigen des finnischen Roten Kreuzes ein Feldhospital nach Haiti gebracht und bauten das gerade im Fußballstadion des SC Carrefour auf. Mit meinem finnischen Kollegen hatte ich den ganzen Tag lang den Kontakt zu lokalen Gesundheitsbehörden gesucht, wir waren durch endlose Labyrinthe verstopfter Straßen und Trümmer gefahren. Es sind oft nicht die hohen Opferzahlen, die den stärksten Eindruck hinterlassen, es sind einzelne Gesichter und Bilder. So die unmäßig großen Ratten, die besonders abends überall zu sehen waren. Oder die große Glocke der Kathedrale, die heruntergestürzt war und sich fast zur Hälfte in den Asphalt der Straße gebohrt hatte. Besonders aber die absurde Ruine des Präsidentenpalastes mit seinen zwei Kuppeln, die nicht zerfallen waren, sondern wie zwei geköpfte Eier nur schräg auf den Resten des einst prächtigsten Gebäudes von Port au Prince ruhten (**Abb. 10-1**).

Für einige Wochen war das Zeltkrankenhaus im Fußballstadion das größte Hospital in Haiti. Neben der Versorgung der zahllosen Erdbebenopfer stellten für uns die Auswirkungen der fehlenden medizinischen Grundversorgung vor der Katastrophe eine Herausforderung dar. Sofort nach unserer Ankunft wurden wir bestürmt von Menschen, die schon seit Monaten und Jahren an chronischen

Abbildung 10-1: Der zusammengesunkene Präsidentenpalast nach dem Erdbeben 2010 in Haiti; ein absurdes Bild.

Erkrankungen, Infektionen und den Folgen der Mangel- und Fehlernährung litten und sich endlich Hilfe erhofften (**Abb. 10-2, 10-3**). Hinzu kam das traumatische Erlebnis eines Erdbebens und das Bewusstsein, alles verloren zu haben (**Abb. 10-4**).

Die Auswahl und Priorisierung der Patienten und ihrer Dringlichkeiten war für unser Personal eine große Belastung (**Abb. 10-5**). In den ersten Tagen der Einsätze werden wir zudem regelmäßig von der Presse bestürmt und müssen oft mit Nachdruck den Bildmedien gegenüber die Würde und Privatheit unserer Patienten wahren und manchmal auch verteidigen. Schnell aber erlahmt das öffentliche Interesse. Anfangs dominieren die Berichte in positiver Grundstimmung und die Medien sind angefüllt mit Trauer um die Opfer und Anerkennung für die Helfenden. Schnell aber schwenkt die Grundstimmung um und Journalisten suchen eher nach Skandalen und Hiobsbotschaften, bis schließlich der ganze Medientross zu einem aktuelleren Szenario in der Welt weiterzieht. Übrig bleiben dann die Opfer und die seriös und nachhaltig agierenden Hilfsorganisationen.

Abbildung 10-2: Eine unübersehbare Menschenmenge am Krankenhaustor in Haiti 2010.

Genau vier Wochen nach dem Erdbeben vom 12. Januar 2010 hatte die haitianische Regierung einen Gedenktag festgelegt. Die Stimmung war würdevoll feierlich, und bereits früh am Morgen stimmten zahllose Chöre und Gruppen überall in der Stadt ringsum traditionelle mehrstimmige religiöse Gesänge an, die der Wind den ganzen Tag lang in das Fußballstadion wehte und die unsere Arbeit dort untermalten.

Ein Hörfunkreporter in Deutschland hatte mir seine Telefonnummer hinterlassen mit der Bitte um Anruf jederzeit, wenn sich etwas Mitteilenswertes ereignen sollte. Ich fand die Gesänge sehr ergreifend und sehr mitteilenswert, also rief ich die Sendeanstalt an.

„Ach ja, Haiti", hieß es dort, „sehr schön, aber das passt heute leider nicht in unsere Sendung, dafür müssen Sie Verständnis haben. Hier haben wir gerade das volle Karnevalsprogramm, und dazu passen ihre Trauergesänge aus Port au Prince einfach nicht."

So wurde der würdevolle Gedenktag in Haiti vier Wochen nach dem Erdbeben in Deutschland nicht gemeldet.

Abbildung 10-3: Unter Mangel- und Fehlernährung litten viele Menschen in Haiti schon vor dem Erdbeben im Jahr 2010.

Abbildung 10-4: Oft herrschte pure Fassungslosigkeit bei den Überlebenden des schweren Erdbebens von 2010 in Haiti.

Abbildung 10-5: Im Zeltkrankenhaus stellte sich 2010 für die Pflegenden sehr langsam eine gewisse Normalität ein.

11
Bittende Hände

Flüchtlingslager bei Al Azraq in Jordanien im Juni und Juli 2014 mit über 30 000 Bürgerkriegsflüchtlingen aus Syrien.
IFRC (31° 49' 42" N, 36° 46' 55" O)

Die Gegend um die uralte Oasensiedlung Al Azraq am alten Karawanenweg von Amman nach Bagdad war bereits während des zweiten Golfkrieges zur Unterbringung Vertriebener aus dem Irak und Kuwait genutzt worden. Es gibt dort noch eine wirklich märchenhafte kleine Oase sowie Festungsanlagen, die bis in das römische Reich zurückdatieren (**Abb. 11-1, 11-2**).

Ab 2013 wurden dort in großer Zahl einheitliche Unterkünfte aus weißem Blech auf den Wüstensand gestellt, hiesigen Fertiggaragen nicht unähnlich. End-

Abbildung 11-1: Der nur noch fußballfeldgroße Rest einer einst bedeutenden Oase nahe Al Azraq 2014.

Abbildung 11-2: Mittelalterliche Festungsanlage bei Al Azraq in Jordanien 2014.

lose Reihen fensterloser weißer Quader mit Giebeldächern aus Blech und ohne Bodenplatten dienten den Familien aus Syrien als Wohnung. Tagsüber heizte die Wüstensonne die Behausungen erbarmungslos auf (**Abb. 11-3**), nachts herrschte oft bittere Kälte. Die Gegend ist bar jeder Vegetation, an Lebewesen bevölkerten nur giftige Schlangen und Skorpione das Lager.

Das riesige Gelände verfügte über ein Lebensmittellager, in dem Gutscheine eingetauscht werden konnten. Die Frauen trugen dann das Erworbene in weißen Kunststoffbeuteln nach Hause. Die Kunststoffbeutel fanden sich bald überall im Lager und auch außerhalb in der jordanischen Wüste, sie wurden vom Wind hoch in die Luft gewirbelt und verfingen sich in den Maschen des Sicherheitszaunes, der dadurch zu einer flatternden weißen Wand geworden war (**Abb. 11-4**).

Mitten in diesem bizarren Szenario aus Sand, Schmutz, Blech und Kunststoffmüll hatte die Internationale Föderation der Rotkreuz- und Rothalbmondgesellschaften gemeinsam mit der jordanischen Rothalbmondgesellschaft ihr mobiles Referenzkrankenhaus für die Geflüchteten eingerichtet. Eines Tages wurde uns ein etwa zwölfjähriges Mädchen aus Syrien mit einer merkwürdigen Körperhaltung vorgestellt. Beide Arme hielt sie völlig starr angewinkelt in einer merkwürdig bittend erscheinenden Haltung vor ihrem Körper (**Abb. 11-5**).

Abbildung 11-3: Unter sengender jordanischer Wüstensonne mussten die schwarzgekleideten Frauen Lebensmittel für ihre Familien im Flüchtlingslager Al Azraq holen.

Eine erste behutsame Untersuchung des völlig verängstigten Kindes bestätigte den ersten Eindruck. Beide Unterarme waren weder aktiv noch passiv zu beugen oder zu strecken, eine Rotationsbewegung der Hände war ebenfalls vollkommen unmöglich. Mit großer Vorsicht fertigten wir zwei Röntgenbilder von Ober- und Unterarmen einschließlich der Hände des Mädchens an. Die Aufnahmen zeigten uns schwerste traumatische Veränderungen der Gelenke der Ellenbeuge sowie verheilte Frakturen von Elle und Speiche mit erheblichen Fehlstellungen.

Als wir die erschütternden Röntgenbilder der Mutter präsentierten, begann sie, den Leidensweg ihrer Familie zu erläutern: In Syrien waren bewaffnete Männer in ihr Haus eingedrungen und hatten vom Vater die Preisgabe für sie wohl wichtiger militärischer Informationen gefordert. Als der Vater sich weigerte, misshandelten sie ihn vor den Augen der gesamten Familie. Als die Folterung des Vaters offenbar erfolglos blieb, musste sich seine Tochter an den Küchentisch setzen und beide Arme auf die Tischplatte legen. Mit ihren Gewehrkolben brachen die Bewaffneten dann solange einen Knochen des Kindes nach dem anderen, bis der Vater endlich die geforderten Informationen preisgab. In einer zerstörten syrischen Stadt ohne jede medizinische Versorgung, ohne Medikamente und Beistand musste nun die Mutter ihr Kind mit mehrfach gebrochenen Unterarmen pflegen. Sie wickelte die gebrochenen Unterarme stramm an den Körper, um so wenigstens eine provisoria)

b)

c)

Abbildung 11-4: Die Lebensmittel und Trinkwasserkanister nach Hause tragen und sich mit ihren Kindern in erbarmungsloser Hitze bewegen: ein anstrengender und kraftraubender Weg für die Frauen im jordanischen Lager Al Azraq 2014.

Abbildung 11-5: Das Mädchen mit den bittenden Händen im jordanischen Al Azraq 2014.

sche Fixierung zu erreichen. Damit hat sie ihrem Kind wahrscheinlich das Leben gerettet, denn es ist nicht zu einer Arterienverletzung durch die scharfen Bruchkanten gekommen. Allerdings verheilten die Frakturen in der fixierten Position. Damit war das Mädchen zum Zeitpunkt des Besuches bei uns zwar weitgehend schmerzfrei, aber die Funktion der Arme war unwiederbringlich zerstört. Die chirurgischen Möglichkeiten in unserem Rotkreuz-Hospital des Lagers Al Azraq reichten in dieser Situation bei weitem nicht aus. Unsere kanadische chirurgische Kollegin bemerkte, dass selbst unter den idealen Voraussetzungen ihrer Klinik in Montreal eine Rekonstruktion der Gelenkfunktionen nicht mehr zu erwarten sei.

Ich hoffe und stelle mir vor, die Familie sei ein Jahr später nach Deutschland geflohen. Wie würde wohl die Öffentlichkeit bei uns auf die merkwürdig bittende Körperhaltung des syrischen Kindes reagieren?

12
Ein roter Ball

Ebola-Behandlungszentrum Kenema in Sierra Leone im Oktober und November 2014.
IFRC (7° 53‘ 9“ N, 11° 11‘ 10“ O)

Im feuchten westafrikanischen Regenwald hatte die Föderation der Rotkreuz- und Rothalbmondgesellschaften gemeinsam mit der Sierra-Leonischen Rotkreuzgesellschaft ein Zeltkrankenhaus mit 60 Plätzen zur Behandlung und Isolierung der vielen am mörderischen Ebola-Fieber Erkrankten errichtet. Es sind meistens nicht die großen Opferzahlen, die uns so tief bewegen, sondern die kleinen Augenblicke, die uns tief erschüttern.

So erreichte uns eines Tages wieder ein provisorisch hergerichteter Krankenwagen mit einer von Ebola betroffenen Familie. Im Sichtungsbereich unseres Behandlungszentrums entstiegen dem hinteren Teil des Fahrzeuges die Mutter und zwei verängstigte Kinder. Nach stundenlanger Fahrt im verschlossenen Wagen muss für die Ankömmlinge unsere erste Erscheinung in der Schutzausrüstung fremd und erschreckend gewesen sein (**Abb. 12-1**).

Die junge Mutter blutete bereits aus dem Mund, für uns ein sicheres Zeichen für einen wahrscheinlich hoffnungslosen Krankheitsverlauf. Ein kleiner Junge, vielleicht fünf Jahre alt, hielt ihre Hand. Wie alle Ebola-Patienten in der Aufnahmesituation musste auch er zunächst seine kontaminierte Kleidung ablegen, umgeben von uns in unserer Schutzkleidung. Seine Sachen glitten auf den Boden, wurden dort sofort mit Chlorlösung abgesprüht und dann in einem bereitstehenden Behälter entsorgt. Nackt und vor Aufregung zitternd stand er nun da. Er hatte seinen Ball mitgenommen und hielt diesen immer noch fest an sich gepresst. Aber dieser Ball war ja ebenfalls hochkontaminiert und musste daher unbedingt entsorgt werden. Ein roter Kunststoffball mit schwarzem Aufdruck nach Art eines Le-

Abbildung 12-1: Besonders für die kleinsten Patienten im Ebola-Behandlungszentrum Kenema in Sierra Leone war 2014 unsere Schutzausrüstung bestimmt ein erschreckender Anblick.

derfußballes. Eine unserer lokalen Mitarbeiterinnen musste ihm schließlich durch die Atemmaske sagen, dass auch der Ball entsorgt werden müsse.

Eine Krankenschwester versuchte, ihm den Ball zu entlocken, doch er hielt ihn umklammert. Vor lauter Aufregung rutschte ihm dann der Ball doch aus den Händen und rollte nun über den Boden. Ganz flink rannte er über die Steine hinterher, schnappte sich sein Lieblingsspielzeug und hielt es wieder fest. Schließlich konnte eine unserer Krankenschwestern ihm den Ball doch sanft abnehmen. Er schaute hoffnungslos zu, wie auch sein Ball im Entsorgungsbehältnis verschwand (**Abb. 12-2**).

In diesem Moment liefen ihm zum ersten Mal dicke Tränen über die Wangen, wobei er verzweifelt auf mein verhülltes Gesicht schaute. Weil wir ja alle unsere Schutzausrüstung mit den großen Schutzbrillen trugen, konnte niemand sehen, dass bei diesem Anblick auch mir die Tränen kamen.

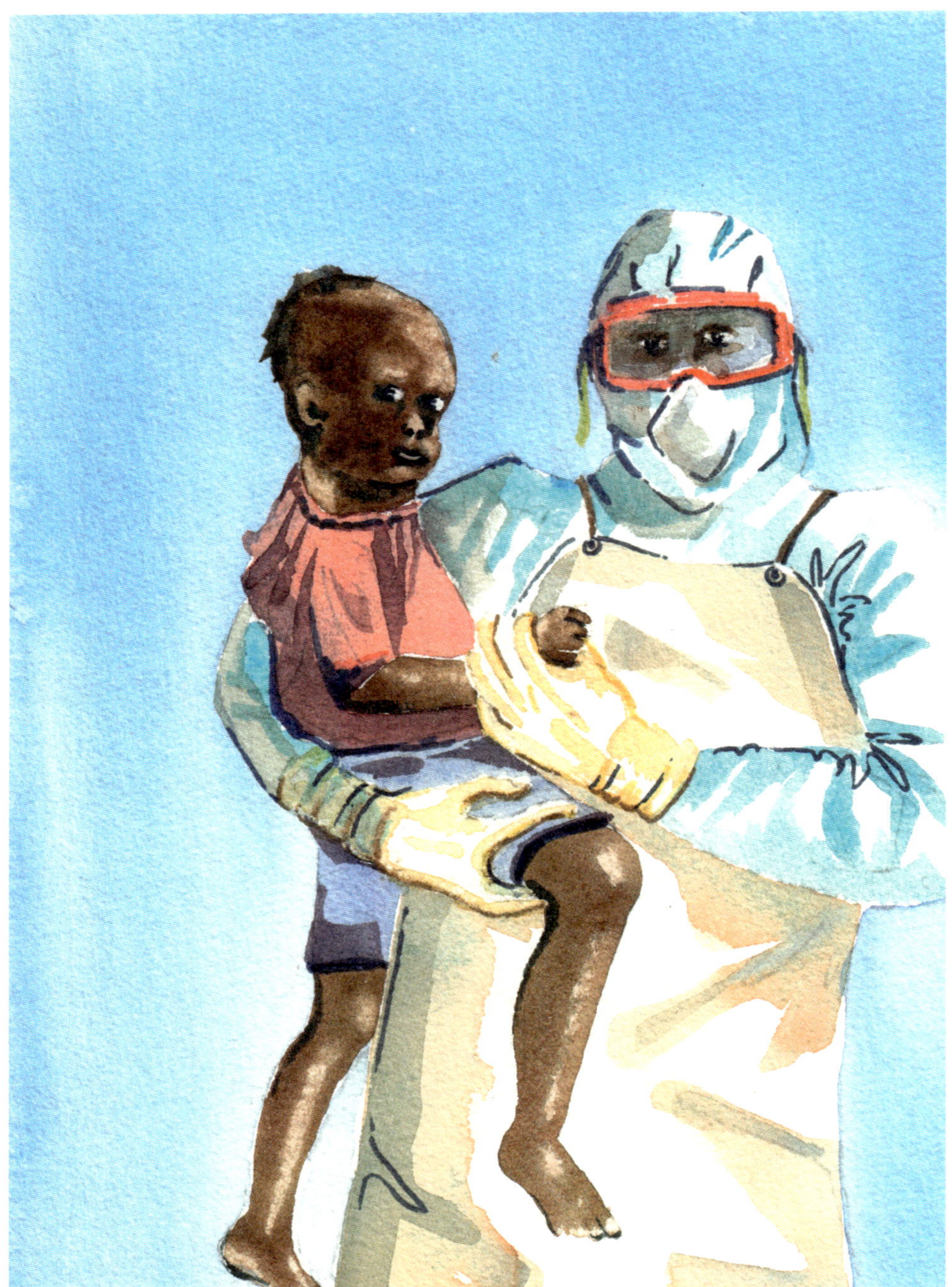

Abbildung 12-2: Selbst das Lieblingsspielzeug musste 2014 vernichtet werden, wenn es mit Ebolaviren kontaminiert war.

13
Ein eigener Friedhof

Ebola-Behandlungszentrum Kenema in Sierra Leone im Oktober und November 2014.
IFRC (7° 53‘ 9“ N, 11° 11‘ 10“ O)

Die Leitlinien der Weltgesundheitsorganisation zum Umgang mit hochansteckenden viralen Fiebern wie Ebola sahen eigentlich die Verbrennung Verstorbener vor. In Sierra Leone aber glaubt die überwältigende Mehrheit der Bevölkerung an eine Auferstehung der Toten. In vielen Gesprächen mit religiösen und politischen Würdenträgern wurde uns sehr deutlich, dass ein großer Teil der Infizierten niemals ein Krankenhaus aufsuchen würden, in dem Verstorbenen durch die Verbrennung die Möglichkeit der Auferstehung genommen werden würde. Lieber blieben sie dann in ihren Dörfern und nahmen die extrem hohe Sterblichkeitsrate dort in Kauf.

In langen Verhandlungen mit dem Bürgermeister, dem Amtsarzt, dem Gesundheitsministerium und Vertretungen der Weltgesundheitsorganisation, der Religionsgruppen und Ethnien beschlossen wir daher, neben der Ebola-Klinik einen eigenen Friedhof einzurichten (**Abb. 13-1**).

Wir ersannen ein ausgeklügeltes System der Desinfektion, um sicherzustellen, dass nach der Bestattung keinerlei Ansteckungsgefahr von den Bestatteten ausgehen konnte. Als wir dort schon über einhundert Ebola-Opfer würdevoll beerdigt hatten, kam uns der Gedanke, den neuen Klinikfriedhof mit einer kleinen Zeremonie auch offiziell einzuweihen. Für Sonntag, den 16. November 2014 luden wir daher die ansässige Bevölkerung, Vertretungen aller örtlichen religiösen Gemeinschaften und Ethnien sowie Persönlichkeiten aus Politik und Verwaltung sowie die anwesenden Hilfsorganisationen ein.

Als Teamleiter war es meine Aufgabe, eine feierliche Ansprache zu halten und so notierte ich mir am Tag zuvor einige Stichworte zu Fragen der humanitären

Abbildung 13-1: Aus Respekt vor den Menschen und ihrer Kultur wurde 2014 in Kenema in Sierra Leone ein klinikeigener Friedhof direkt neben dem Ebola-Behandlungszentrum eingerichtet.

Prinzipien und unseres gemeinsamen Kampfes gegen die tödliche Infektionskrankheit. Eigentlich hatten wir keine große Beteiligung an der Friedhofseröffnung erwartet, denn in der Bevölkerung herrschte allgemein Angst vor dem Betreten unseres Klinikgeländes. Am Sonntag, dem 16. November, waren wir dann aber völlig überrascht über die große Menschenmenge, die Anteil an der Eröffnung nehmen wollte. Allein zwei katholische Bischöfe waren gekommen, mindestens zwanzig katholische Priester, etliche Pastore der protestantischen Gemeinden, zahlreiche Imame der moslemischen Moscheegemeinden, mehrere Gospelchöre und Vertretungen aller gesellschaftlichen Gruppen. Für mich als Kinderarzt war die Friedhofseröffnung die fremdartigste Aufgabe in meiner gesamten Zugehörigkeit zum Roten Kreuz. So war ich froh, mein Manuskript vorbereitet zu haben, das ich dann unter der sengenden Mittagssonne laut verlas:

My dear brothers and sisters,
we are here to commemorate the victims of Ebola at this very location, the 103 patients resting peacefully at this our cemetery at Red Cross Ebola Treatment Center in Kenema.
We as the Red Cross and the Red Crescent are a humanitarian organization indeed. We will protect human dignity during and even after life.
In doing this we are bound to our principles of humanity, impartiality and neutrality.
Humanity means that all human beings should assist each other in any case of danger, disease or disaster. May our skin have different colours, we are all humans and the blood in our veins has the same colour as the Red Cross or the Red Crescent.
Impartiality means that we assist every human being irrespective what he has done before, every victim is a victim and has to be assisted without any question.
Neutrality means that we do not chose one side in any conflict, so we always maintain access to all scenarios of suffering even in armed conflicts.
As the Red Cross we are a non-religious organization, but of course we allow and enable every human being to worship his or her religion.
Thus we now may pray to Allah, to Jesus or to the Father, to Jahwe and Shiva, to all higher beings that are worshipped by any single one of you.
Let us commemorate the 103 victims of Ebola at this very location, our patients resting peacefully at this cemetery.
Let us commemorate our companion health workers that lost their lives in courageously fighting Ebola.
Let us bethink ourselves on the patients of our clinic, who are fighting their individual battle against the virus just at this very moment we are standing here.
Let us give them drink and food, let us dry their tears and hold their hands. Let us provide all our love and human kindness.
Let us bethink ourselves of the nurses, the hygienists, the doctors, the support staff, the guards of our clinic and of course of our special forces: the survivor nurses, who valiantly go on working here after having suffered dreadfully from Ebola themselves.
Let us bethink of all the scientists worldwide that are developing medicine and vaccines, our reliable weapons in the near future.
All of them are brave and courageous warriors against our common and malicious enemy called Ebola.

Ebola however no way is an honest and respectable fighter.
Ebola is malignant and is attacking perfidiously.
Ebola is not carrying its weapons openly.
Ebola is launching terrorist attacks against innocent people, little children, pregnant women and the elderly.
Ebola does not respect any rule of warfare.
Therefore we have to be even more courageous and brave, even more sustained and precise, modest and passionate.
Let us keep a 100 percent accuracy, because Ebola will not forgive even the slightest mistake.
Let us dress in our protective equipment perfectly every day and every hour.
Let us observe each other as true caring companions.
Let us obey orders and follow the procedures accurately and detailed.
Every little step has to be perfect, every shoe has to be sprayed a 100 percent, every hand has to be washed a 100 percent.
Let us be a 100 percent careful in drawing blood samples and in giving intravenous fluids, every little wound may be our very end.
Let us follow the procedures with passionate commitment.
Let us fight Ebola with our kindness, modesty and ardent obligation.
Discipline and responsibility are our sharpest weapons against this enemy.
You, being the local staff are the very heroes in this Ebola outbreak. You come every day to help people to recover and survive, and for those that do not make it you help them to die in comfort.
This very spirit of our team of locals and expatriates is so important because it is this spirit that enables us to continue our work. Acting together we will be invincible and Ebola will be defeated.
We need to continue in this courageous and brave team spirit.
We will continue education and we will keep each other safe.
We cannot afford to lapse or get lazy because it means that we are then at risk of Ebola, our hidden and malignant enemy.
We are companions in a big fight against this malignant enemy, but we are stronger than Ebola and we will win this war.
We need to care for each other. We need to observe each other, we need to love each other.
Being your team leader I will not accept losing even a single one of you, because we need every single one of you, everybody in his or her place being exactly as important as everyone else.

We are brothers and sisters, unified in this fight, we are respectable, passionate kind and so we are invincible.
We are the lion hearts and together we will win this battle.
Now let us go to do our duty today as we do every day, let us be unfearful and not be careless, let us save lives, let us give comfort.
Let us go and finish Ebola!

14 Warum helfen?

Das erste Innehalten gegenüber Mutter und Kind an verschiedenen Schauplätzen angesichts von größter Not und Gewalt wurde in Bild und Wort illustriert. Diese Grenzsituation humanitärer Nothilfe verlangt besonders für die bildliche Darstellung unseren ganzen Respekt, daher sind Mutter und Kind hier nicht als Fotografie abgebildet, sondern wurden vor Ort flüchtig in Skizzen oder Fotografien festgehalten, die mit räumlichem und zeitlichem Abstand dann zum Aquarell ausgearbeitet wurden. Dies schaffte eine würdevolle Distanz zu den Opfern und stellt sicher auch ein persönliches Instrument zur Bewältigung des Erlebten dar. Diese erste Begegnung mit dem leidenden Mitmenschen lässt uns innehalten, sei es in unserem alltäglichen Wirkungskreis zu Hause oder als Delegierte einer humanitären Hilfsorganisation in fernen Ländern. Der erste Blickkontakt zu Mutter und Kind im Behelfskrankenhaus, das erste wortlose Ansichtigwerden des Mitmenschen in seiner ganzen Not schafft Ergriffenheit und Beziehung, ob wir es wollen oder nicht (**Abb. 14-1**).

„Ein neuerschaffenes Weltkonkretum ist uns in die Arme gelegt worden; wir verantworten es" (Buber, 2006, S. 163), um die Worte Martin Bubers zu gebrauchen. Dieser erste Augenblick erzeugt oft die äußerst verdichtete Wahrnehmungsweise des Innewerdens, um einen weiteren Begriff aus dem Vokabular Martin Bubers zu bemühen: „Die Möglichkeitsgrenzen des Dialogischen sind die des Innewerdens" (Buber, 2006, S. 153). Besonders auch in Zeiten der Not muss sich dabei jede Gesundheitssorge um Kinder und Jugendliche als Heilkunde verstehen und darf sich nicht zur bloßen Heiltechnik reduzieren lassen. Diese Kinderheilkunde würdigt die Einheit von Mutter und Kind, diese als „Gynopedion" (γυνή, griech. die Frau, παιδίον, griech. das kleine Kind) bezeichnete kleinstmögliche familiäre Einheit, und sie respektiert die Einzigartigkeit mütterlicher Erfahrung mit Befinden und Lebensäußerungen ihres Kindes. Die Mutter ist es, die das

Abbildung 14-1: Die erste ergreifende Begegnung mit Mutter und Kind im Behelfshospital nach dem Erdbeben 2010 in Haiti.

Kind präsentiert, nachdem ihre eigene Heilkunst und das informelle Gesundheitswesen an ihre Grenzen gestoßen sind (**Abb. 14-2**). Die Abwesenheit der Mutter gerade in dieser Situation, ihre Stellvertretung durch Vater oder Schwester muss daher schon als erste Auffälligkeit betrachtet werden.

Emmanuel Lévinas lehrt uns die Wertschätzung von Andersheit und die Bedeutung des „Heimgesuchtwerdens durch das menschliche Antlitz“ (Lévinas, 2005, S. 42): Jeder andere Mensch außer mir drückt sich in und mit seinem Antlitz aus, wird aber für mich trotz aller Annäherung stets uneinholbar anders bleiben. Sittliches Verhalten zeigt sich Lévinas zufolge alleine schon darin, dass ich die Erscheinung des Mitmenschen in meinem Erleben nicht für die tatsächliche Wesenheit des Gegenüber halte, sondern mir bewusst bleibe, dass jeder Mitmensch für mich immer unerreichbar anders sein wird. Das Antlitz ist nicht nur das, was ich vom Anderen sehe, sondern auch das, was von seinem Sehen ausgeht. In der Begegnung mit dem Antlitz des Anderen wird meine Verantwortung für ihn und die Einzigartigkeit meines Ich offenbar. Denn niemand kann statt meiner auf den Anruf des Antlitzes antworten, ich kann meine Antwort zwar wählen, aber meine Verpflichtung zur Antwort und meine Verantwortung nicht delegieren. Hierbei „nötigt sich das Antlitz mir auf, ohne dass ich gegen seinen Anruf taub sein oder ihn vergessen könnte, d.h., ohne dass ich aufhören könnte, für sein Elend verantwortlich zu sein“ (Lévinas, 2007, S. 223).

Verantwortung (responsabilitas) übernehme ich aufgrund meiner sittlichen Vernunft durch eine freie Entscheidung, für die ich mich zu rechtfertigen (respondere) vermag. Neben einer kausalen Verantwortung in Hinblick auf die Verursachung gibt es auch die Fähigkeitenverantwortung in Hinblick auf die Erfüllbarkeit. Niemand wird die Verantwortung Deutschlands als ehemalige Kolonialmacht beispielsweise für die Völker Ruandas bestreiten wollen. Niemand zweifelt an unserer Verantwortung für Ausbeutung und Raubbau in den armen Ländern der Erde. Aber neben Verursachung oder gar Verschuldung machen uns auch unsere Möglichkeiten auf individueller oder kollektiver Ebene verantwortlich im Sinne einer Fähigkeitenverantwortung. Die Berufswahl beispielsweise ist eine höchst freiwillige Entscheidung, die berufliche Befähigung hingegen bringt eine Garantenstellung und besondere Verantwortung mit sich, wie sie etwa für alle Rettungs- und Heilberufe besteht. Stefan Gosepath (2006) spricht im Zusammenhang der Verursachung und der Befähigung von primärer und sekundärer moralischer Verantwortung.

Hans Jonas (1992) hat den Kernsatz einer solchen Verantwortungsethik geprägt: „Das Können selbst führt mit sich das Sollen“ (S. 130). Verglichen mit traditionellen Aufnahmeländern für Flüchtlinge wie dem Tschad und dem Libanon sind wir hierzulande individuell und auch kollektiv zur Hilfeleistung doch weitaus mehr befä-

Abbildung 14-2: Mutter und Kind sind weltweit immer eine untrennbare Einheit, hier in Haiti 2010.

higt, also sind wir auch zur Hilfeleistung mindestens ebenso verpflichtet (Gardemann & Wilp, 2016). Leidenden Menschen aufgrund unseres gemeinsamen Menschseins und aus freiem Entschluss verantwortlich zu helfen, mag für die Einzelnen und die Gemeinschaft vorübergehend mühevoll sein, macht aber doch letztlich sowohl Menschlichkeit als auch Menschheit (beide: humanitas) aus (**Abb. 14-3**).

Humanitäre Hilfe ganz allgemein ist ein moralisch begründeter Akt, der auf einer Ethik der Hilfe für diejenigen beruht, die diese am dringendsten benötigen. Humanitäre Soforthilfe oder Nothilfe wird als eher kurzfristige Maßnahme gesehen, um eine akute Unterversorgung im Bereich der Infrastruktur oder auf medizinischem Gebiet zu überbrücken. Humanitäre Nothilfe versteht sich dabei als professionelle Dienstleistung an ungewöhnlichem Ort. Die Professionalität der humanitären Nothilfe stellt ihre Ansprüche sowohl an die strukturelle Qualität der Organisation als auch an die fachliche und persönliche Qualifikation der einzelnen Hilfeleistenden. Die Professionalität der Hilfeleistung und das Ausmaß des Respekts vor den Hilfeempfängern werden somit zu einer sittlichen Dimension und zu einem bedeutenden Indikator für die Qualität der Nothilfe. Die Ethik humanitärer Hilfe basiert dabei auf den Idealen der Nächstenliebe und Gerechtigkeit. In den östlichen Lehren des Hinduismus und des Buddhismus kommt das humanitäre Handeln nicht so sehr in menschlicher Gestalt daher. Manchmal ist es dort schwieriger auszumachen innerhalb des allgemeinen hohen Respekts vor aller belebten Natur. Die Buchreligionen Judentum, Christentum und auch teilweise der Islam leiten demgegenüber die Verpflichtung zur Menschlichkeit aus der besonderen Stellung in der Schöpfung oder auch aus der Gottesebenbildlichkeit des Menschen ab, wie sie im Buch Genesis beschrieben ist.

Es ist der Grundgedanke der Menschlichkeit, der auch Kofi Annan (2003) im Kontext eines Weltethos vorschwebte. Trotz umfassender Vorsorge und Versicherungspakete in unseren reichen Heimatländern und auch angesichts beinahe grenzenloser medizinischer Möglichkeiten suchen wir doch oft vergeblich nach Zuversicht, Geborgenheit, Gottvertrauen und eben nach Menschlichkeit. Dabei ist es eigentlich völlig selbstverständlich, sich aufgrund des gemeinsamen Menschseins der Solidarität anderer Menschen sicher zu sein, d.h. auf den Gedanken der Humanität zu bauen. Wäre der Mensch nicht in diesem Sinne menschlich, dann wäre er im Verlauf der Evolutionsgeschichte nur eine vorübergehende Merkwürdigkeit geblieben. Der entscheidende Zeitpunkt der Entstehung einer allgemeinen Humanität wird geschichtlich erst erreicht, als diese Goldene Regel auch jenseits familiärer und ethnischer Gruppen auf die Angehörigen fremder Stämme, mithin auf die gesamte Menschheit ausgedehnt wird. Der Mensch hilft dem anderen Menschen, weil auch dieser ein Mensch ist (**Abb. 14-4**).

Abbildung 14-3: Angesichts einer überwältigenden Anzahl Hilfesuchender muss zunächst eine medizinische Sichtung erfolgen, wie hier in Haiti 2010.

Abbildung 14-4: Alle Menschen eint eine gegenseitige Verantwortung füreinander, hier im Sudan 2004.

Damit ist das humanitäre Handeln geboren und seither das Erfolgsrezept des Menschen. Der schweizerische Völkerrechtler Jean Pictet (1956) hat hierbei deutlich unterschieden zwischen Humanität und Humanitarismus. Humanität definierte er als „...ein Gefühl des tätigen Wohlwollens den Menschen gegenüber...", während Humanitarismus „...die zur Soziallehre erhobene und auf alle Menschen ausgedehnte humane Einstellung..." sei (S. 1). Humanität stellt sich in dieser Sicht also als sittliche, Humanitarismus als ethische Begrifflichkeit dar. Im bisher skizzierten Kontext der Anthropologie und Verhaltensbiologie lassen sich auch einige Grundelemente der Weltreligionen aus den beschriebenen speziesspezifischen Instinktresiduen und archaischen Sozialkonstruktionen herleiten. In der Auffassung von einer voraussetzungslosen Rechtfertigung ist vielleicht einer der Gründe für die Formulierung des humanitären Grundsatzes der Unparteilichkeit durch charismatische und christlich geprägte Persönlichkeiten in der Mitte des neunzehnten Jahrhunderts zu vermuten. Florence Nightingale (2005), Henry Dunant (2002) und Clara Barton (Burton, 1995) sind hier zu nennen. Unparteilichkeit als Grundsatz des Roten Kreuzes und der Genfer Völkerrechtskonventionen bedeutet ja ebenfalls voraussetzungslose Hilfeleistung allein nach dem Maß der Not und ungeachtet der Tatsache, ob die Opfer schuldig oder unschuldig in Not geraten sind.

Voraussetzung zu tatsächlich uneigennütziger Hilfeleistung ist auch die Freiheit von dem Zwang oder dem Bedürfnis, sich selbst als guten Menschen beweisen zu müssen, damit ein Gefühl der Minderwertigkeit durch das Helfen kompensiert werden soll, „die Freiheit zur Mitmenschlichkeit" im Sinne Bonhoeffers also (Green, 2004). Auch im Werk des Emmanuel Lévinas findet sich eine ähnliche Gedankenführung: „Um dieser Begegnung mit dem Anderen, mit einer Exteriorität standzuhalten, muss das Individuum als Ich konstituiert sein. Ehe es dem Anderen ausgesetzt ist, muss es als Ich in seiner Innerlichkeit gesetzt sein" (Staudigl, 2009, S. 37). Erst das Bewusstsein voraussetzungsloser Gnade konnte also den Humanitarismus von der Selbstzentriertheit der Werkgerechtigkeit lösen und Humanität ganz um ihrer selbst willen ermöglichen. Auch Freiwilligkeit und Ehrenamtlichkeit wurden bereits 1862 von Henry Dunant als Grundvoraussetzung für tatsächlich humanitäres Handeln genannt: „Für eine Aufgabe solcher Art kann man keine Lohnarbeiter brauchen" (Dunant, 2002, S. 153). Humanität und Humanitarismus als moralische und ethische Kategorien finden ihre Wurzeln also in der Verhaltensbiologie und der Anthropologie sowie als ethisch-religiöse Grundwerte aller Menschen; Humanität und Humanitarismus sind keine bloße Eigenschaft einzelner Persönlichkeiten, sondern sie sind Wesenheit aller Menschen und waren wohl wichtige Voraussetzung zur Menschwerdung überhaupt.

Die weltweite humanitäre Hilfe orientiert sich in ihrer Arbeit primär an den vier als fundamental angesehenen Prinzipien der Menschlichkeit, Unabhängigkeit, Unparteilichkeit und Neutralität (Haug et al., 1993). In aller Deutlichkeit ist hierbei festzuhalten, dass in der Katastrophenhilfe das humanitäre Prinzip der Unparteilichkeit Vorrang haben sollte, da es den Respekt vor der unbedingten Gleichheit aller Menschen, die darauf aufbauende Gleichbehandlung aller Menschen und die angemessene Hilfeleistung allein nach dem Maß der Not und Bedürftigkeit in sich vereint. Unparteilichkeit als Grundsatz des Roten Kreuzes und der Genfer Völkerrechtskonventionen bedeutet voraussetzungslose Hilfeleistung allein nach dem Maß der Not und ungeachtet der Tatsache, ob die Opfer schuldig oder unschuldig in Not geraten sind (Fleck, 1994).

Selbst für das Internationale Komitee vom Roten Kreuz bleibt hingegen der Grundsatz der Neutralität immer nur Instrument zur Ermöglichung der humanitären Hilfeleistung und stellt keinen sittlichen Wert an sich dar (Durand, 1984). Neutralität als Nichteinmischung ist im Gegensatz zur Unparteilichkeit nicht eine Tugend, sondern nur ein oft notwendiges Instrument der Zugangsermöglichung!

Humanitäre Ethik basiert auf den Idealen der Nächstenliebe und der Gerechtigkeit. Humanitär Helfende sollten sich dennoch in ihrer Entscheidungsfindung nicht nur auf das eigene sittliche Verständnis und Weltbild oder das durch ihren Berufsstand vermittelte Berufsethos stützen, vielmehr besteht die zwingende Notwendigkeit, auch über anders gelagerte ethische Theorien und Konstrukte nachzudenken. Generell werden nur Maßnahmen als „humanitär" einzustufen sein, wenn sie den Prinzipien der Neutralität, Unparteilichkeit und Unabhängigkeit genügen. Hilfsmaßnahmen oder Tätigkeiten von Nichtregierungsorganisationen, die dies nicht tun, sind demzufolge, unabhängig von der wohlmeinenden Absicht und der Wirksamkeit, im Letzten nicht humanitär (VENRO, 2007). Diese Definition der humanitären Hilfe macht es Hilfsorganisationen beispielsweise schwer, Kooperationen mit militärischen Partnern einzugehen. Eine zivil-militärische Zusammenarbeit birgt somit neben den sicher bestehenden Vorteilen (Logistik, Ressourcen, Schutz etc.) auch erhebliche Nachteile (möglicher Verlust der Neutralität und der Unparteilichkeit). Eine unbedachte zivil-militärische Kooperation (CIMIC) erzeugt Berichte und Bilder, die durchaus zu negativen Auswirkungen in anderen humanitären Krisen führen können und es den Helfenden dort vielleicht sogar unmöglich machen, Zugang zu Bedürftigen und Verletzten in Gebieten zu erhalten, welche beispielsweise von Rebellen kontrolliert werden. Seit geraumer Zeit beobachten Nothilfeorganisationen besorgt häufig fälschlich als „humanitär" bezeichnete Aktivitäten militärischer Kräfte in Konfliktgebieten, die sich auf ihre eigene Bewegungsfreiheit und Akzeptanz bei der Bevölkerung negativ auswirken (von Pilar, 1999).

Ethische Dilemmata in der humanitären Hilfe erstaunen den Leser insofern, da die humanitäre Hilfe in der öffentlichen Wahrnehmung zweifellos meistens oder gar ausschließlich zunächst positiv konnotiert wird. Weniger bekannt ist der Öffentlichkeit die alltägliche Realität der humanitären Hilfe mit regelmäßig auftretenden ethischen Konflikten und moralischen Bedenken, mit denen die humanitär Helfenden täglich zu kämpfen haben (Wilp & Gardemann, 2016).

Im Extremfall einer Katastrophe kann so beispielsweise selbst die medizinische Triage noch einer Priorisierung unterworfen sein. Dieser Fall tritt dann ein, wenn unter Ausschöpfung aller verfügbaren Ressourcen die Versorgung der sonst in einer Notfalltriage als „behandlungswürdig" eingestuften Patientenpopulation nicht mehr gewährleistet werden kann. Solcher Ressourcenmangel, weit unter dem Level benötigter Ressourcen, führt zu komplexen ethischen Fragen und somit häufig zu Dilemmata (Merin et al., 2010).

Auf der Makroebene der Organisation oder der Notlage könnte der deontologische Standpunkt eines „humanitären Imperativs" zu der Annahme führen, dass das Abwarten eines offiziellen Hilfsersuchens eines von einer Katastrophe betroffenen Landes unnötig ist und ohne jegliche Zustimmung humanitäre Hilfsmaßnahmen durchgeführt werden können, da diese – vorausgesetzt, sie basieren auf den als richtig empfundenen Normen – aus deontologischer Perspektive immer ethisch korrekt wären. Die Umsetzung einer solchen „unangeforderten" humanitären Hilfe würde jedoch in jedem Fall das rechtsverbindliche Souveränitätsprinzip des betroffenen Staates verletzen (Gardemann et al., 2012).

Ein teleologischer oder auch konsequenzialistischer Ansatz hätte gegenüber der deontologischen Perspektive für humanitäre Organisationen den Vorteil, dass die grundlegenden humanitären Prinzipien der Neutralität, Unabhängigkeit, Unparteilichkeit und des „humanitären Imperatives" den spezifischen Bedingungen einer jeden Katastrophe angepasst werden könnten. Die Bewertung der humanitären Hilfe nur über ihre Ergebnisse (outcome) ist jedoch ebenso kritisch zu betrachten, da die Gefahr besteht, dass jedes Mittel zur Erreichung der gewünschten Ergebnisse als legitim betrachtet wird.

Angesichts der beträchtlichen logistischen und technischen Weiterentwicklung der Nothilfewerkzeuge hat sich in den letzten Jahrzehnten das moralische Dilemma der internationalen Soforthilfe zunehmend von Fragestellungen der Hilfeleistung zu solchen der Hilfeverteilung verschoben. Für die Verteilungsgerechtigkeit besonders in der Soforthilfe hat das humanitäre Prinzip der Unparteilichkeit immer Vorrang.

Die Entscheidung zu einer internationalen Nothilfeleistung wird in letzter Zeit leider zunehmend durch eine Medienberichterstattung gesteuert, die durch möglichst spektakuläre Bilder und Berichte von ausgewählten Katastrophenszenarien den öffentlichen Druck auf Organisationen und Behörden so stark erhöht, dass dann oft eher politisch motivierte Hilfsmaßnahmen in Gang gesetzt werden (Munz, 2007). Bei jeder komplexen humanitären Katastrophe (Gardemann, 2002) besteht darüber hinaus die große Gefahr, dass internationale humanitäre Hilfe die herrschenden Verhältnisse und Machthaber unbeabsichtigt stabilisiert. Humanitäre Interventionen der Vereinten Nationen, so ehrenwert sie im Einzelfall auch sein mögen (Hinsch & Janssen, 2006; Chalk et al., 2010), haben in den letzten Jahren die Unabhängigkeit zahlreicher abtrünniger Regionen eingeleitet und völkerrechtlich sanktioniert, wie die Beispiele von Ost-Timor, Süd-Sudan oder Kosovo zeigen. Zahlreiche lokale Kriegsherren und Rebellenführer weltweit haben daraus mittlerweile gelernt, dass eine illustrierte Berichterstattung über unfassbare Gräueltaten in ihrem Einflussgebiet den Druck auf die Vereinten Nationen so groß werden lässt, dass eine Entsendung von Blauhelmtruppen und damit der erste Schritt in die Unabhängigkeit schließlich unvermeidlich wird. Eine medienpräsente Inszenierung von grausamster Gewalt um ihrer selbst willen zum Zweck gerade dieser Herbeiführung und Instrumentalisierung internationaler Friedens erzwingender Maßnahmen vermag so den Rückfall in eine zunehmende Bestialisierung der Konfliktführung besonders in den ärmsten Ländern teilweise zu erklären (Thielke, 2006).

Aber auch im Bereich der Naturkatastrophen hat das vergangene Jahrzehnt die tägliche Bedrohung von Leben und Gesundheit großer Menschengruppen weltweit wiederholt schrecklich demonstriert. Immer deutlicher wird hierbei in den letzten Jahren, dass die früher so klare Unterscheidung zwischen natürlichen und von Menschen verursachten Katastrophen nicht mehr aufrechtzuerhalten ist. Naturereignisse wie Erdbeben und Überschwemmungen brechen zwar von ihrer physikalischen Ursache her in der Tat oft schicksalhaft über ihre Opfer herein, ihre fatalen Auswirkungen aber entfalten sie oft nur aufgrund korrupter und verfehlter Siedlungspolitik, Vertreibung, räumlicher Abdrängung und struktureller Gewalt gegenüber den unterdrückten Bevölkerungsanteilen, aufgrund unzureichender Bauvorschrift, rücksichtsloser Gewässerbereinigung oder globaler Klimaänderung. So werden aus Naturereignissen durch die Einbeziehung von Menschen vielerorts zunehmend häufiger Naturkatastrophen. Auf zahlreichen Schauplätzen lang dauernder bewaffneter Konflikte ist schließlich die Naturgewalt in der Form von Dürre oder Flut sogar zu einem direkten Instrument kriegerischer Auseinandersetzung geworden. Bei einer sogenannten komplexen humanitären Katastrophe wie beispielsweise im afrikanischen Zwischenseengebiet schließlich kommt es oft unter unkontrollierbarer Gewaltausübung zum vollständigen Zusammenbruch und Verschwinden des wirtschaftlichen, sozialen und politischen Systems, zum „failing state“ (Fleck, 1994). Unter solchen Umständen besteht kaum Hoffnung auf baldige Rückkehr zur Normalität und ausländische Hilfe stellt praktisch die einzige Form gesundheitlicher oder sozialer Daseinsvorsorge dar.

Auch nach dem Ende des Kalten Krieges mit seiner unmittelbaren und totalen Bedrohung aller menschlichen Existenz sind Gewalt und Gefährdung von Leben und Gesundheit weltweit keineswegs geringer geworden. Nach dem Rückzug der beiden Machtblöcke aus den ärmeren Ländern sind lokal begrenzte Kriege dort wieder möglich geworden und der globale Verteilungskampf um die Ressourcen für die nähere Zukunft führt zu einer Neuauflage kolonialer Eroberungspolitik. Die schwindende Präsenz und Patenschaft der ehemaligen Schutzmächte begünstigt ein Auseinanderbrechen multiethnischer Staatsgebilde wie etwa auf dem Balkan und im afrikanischen Zwischenseengebiet und zwingt die Menschen zur Flucht, was besonders die Mütter mit ihren Kindern hart trifft (**Abb. 14-5**).

Neue Formen bewaffneter Auseinandersetzungen wie der endemische Krieg in Zentralafrika, der sich von Ruanda über den Kongo bis in den Tschad erstreckt, ethnisch und religiös motivierte Vertreibungen in der Balkanregion oder der in-

Abbildung 14-5: Mütter mit ihren Kindern haben oft keine andere Überlebenschance, es bleibt ihnen wie vielen Familien nur die Flucht. Flucht ist Prävention!

ternationale Terrorismus erweisen sich zunehmend als unvorhersehbar und mit den traditionellen Instrumenten des Völkerrechtes, der militärischen oder polizeilichen Intervention nicht mehr beherrschbar. In allen Katastrophensituationen kann zudem durch Übergewicht akutmedizinisch-technischer Rettungsdienste ein Interessenkonflikt zwischen Nothilfe und Entwicklungszusammenarbeit entstehen. Nothilfe kann daneben unbeabsichtigt lokales Personal aus vorhandenen Gesundheitsdiensten abwerben und pharmazeutische oder technologische Abhängigkeiten der betroffenen Bevölkerung hervorrufen. Zudem können Konflikte entstehen, wenn sich die nicht direkt betroffene Mehrheitsbevölkerung schlechter versorgt fühlt als die Flüchtlingsbevölkerung (Gardemann & Razum, 2006). Die Schauplätze und Bedingungsfaktoren internationaler Nothilfe gestalten sich also zunehmend komplexer und uneindeutiger und sie werfen beständig die Frage nach der Ethik der humanitären Hilfe auf. Der „humanitäre Raum“ wird eingeengt, belagert, seine Grenzen verwischt. Seit mindestens einem Jahrzehnt beobachten Nothilfeorganisationen besorgt die humanitären Aktivitäten militärischer Kräfte in Konfliktgebieten, die sich auf ihre eigene Bewegungsfreiheit und Akzeptanz bei der Bevölkerung negativ auswirken (von Pilar, 1999). Ein „humanitärer Raum“ wird also von Politik und Militär definiert, gleichermaßen als „Neben-Raum“ für Zivilisten jenseits und außerhalb des Kampfgebietes. Humanität ist jedoch nicht parzellierbar, der Raum für Humanität ist eben kein „Abstell-Raum“, sondern ein wirklicher „Welt-Raum“.

Der eigentliche humanitäre Raum umfasst daher weltweit jeden möglichen Schauplatz menschlichen Leids und somit auch jeden Aufenthaltsort des Menschen. Eine Verengung des Begriffes „humanitärer Raum“ auf definierte gefährdungsarme und militärisch abgesicherte Enklaven in Konfliktgebieten überlässt daher dem Militär bereitwillig eine Deutungsmacht, die diesem einfach nicht zusteht. Die intensiv geführte Diskussion der letzten Jahre stellt diese Deutungsmacht nie in Frage, beklagt aber gleichzeitig die zunehmende Einengung des humanitären Raumes durch Militär. Hier kann nur ein deutlicher Perspektivenwechsel die Begrenzung der militärisch besetzten Räume zugunsten neutraler und unparteiischer humanitärer Nothilfe fordern, um damit wieder wirklich auf die Grundprinzipien ziviler Hilfe für Konfliktopfer zurückkommen, wie sie beispielsweise von Henry Dunant (2002) formuliert wurden. Der humanitäre Raum muss daher aus Sicht ziviler Organisationen immer Oberbegriff bleiben und sich zunächst kategorisch gegen jegliche Einschränkung stellen.

Das humanitäre Völkerrecht erstrebt ein Mindestmaß an Humanität auch im Krieg und stellt juristisch ein für Situationen bewaffneter Konflikte geschaffenes Sonderrecht dar. Es kann damit zwar Kriege nicht verhindern, versucht jedoch mit seinen Regeln, das Leid der Kriegsopfer zu mildern. Das humanitäre Völkerrecht schützt Personen, die sich nicht oder nicht mehr an Feindseligkeiten beteiligen (Schutzrecht oder Genfer Recht) und beschränkt Art und Weise der Kriegsführung (Begrenzungsrecht oder Haager Recht) (Fleck, 1994).

Die grundlegenden humanitären Prinzipien der Unparteilichkeit, Neutralität und Unabhängigkeit mögen dabei zwar in ihrer kodifizierten Form ebenso wie das heutige humanitäre Völkerrecht durchaus einem abendländischen Denken entsprungen sein, sie verkörpern aber eigentlich globale transkulturelle Werte wie Menschlichkeit, Aufrichtigkeit, Ritterlichkeit und die positive Gegenseitigkeitsvermutung, die sämtlich ja auch außerhalb Europas verschriftlicht wurden, so z. B. in der islamischen Welt bereits im zwölften Jahrhundert („Siyar“ als islamisches Völkerrecht seit Sultan Saladin). Somit muss immer eine sorgfältige Differenzierung zwischen völkerrechtlicher Legalität und transkultureller Sittlichkeit vorgenommen werden, um die zahlreichen Bruchstellen zwischen militärischen und zivilen Akteuren im Bereich der humanitären Nothilfe hinreichend erklären zu können. Für die betroffene Zivilbevölkerung und für die zivilen Hilfsorganisationen kommt es eben nicht nur auf das rechtmäßige Mandat anwesender Streitkräfte an, sondern genauso auf deren konkretes Verhalten sowie besonders auch auf ihre Wahrnehmung durch die örtliche Bevölkerung. Hier bedingt schon die überwiegende Herkunft internationaler Hilfsorganisationen aus reicheren westlichen Ländern in vielen Einsatzorten eine grundsätzliche öffentliche Skepsis, die natürlich durch jede Missachtung kultureller Werte wie beispielsweise einer fehlenden Kopfbedeckung von Frauen nur weitere Bestätigung erfährt.

Zivilen Hilfsorganisationen wird oft vorgeworfen, inhaltlich fragwürdige Maßnahmen zu ergreifen, um durch verbesserte Medienpräsenz ein höheres Spendenaufkommen zu generieren (Polman, 2010), was zweifellos ein unsittliches Gebaren darstellt. Aber auch ein militärischer Grundsatz wie: „winning hearts and minds“ durch punktuell willkürliche akutmedizinische Versorgung ohne Nachhaltigkeit stellt in diesem Zusammenhang genauso wie das Aushorchen prämedizierter chirurgischer Patienten der Gegenseite eine sittenwidrige Instrumentalisierung der Nothilfe dar und widerspricht damit in jeder Kultur den Prinzipien der Aufrichtigkeit, Ritterlichkeit und Menschlichkeit. Ein völkerrechtliches Mandat ist für die öffentliche Wahrnehmung dieser sittlichen Verfehlungen völlig unbedeutend. Wohlgemerkt, hier handelt es sich nicht nur um eine sittliche Bewertung aus exotischen Ländern und Kulturen, sondern um Grundwerte abendländischer Ethik.

In seinem Roman „Flamingofeder“ hat Laurens van der Post (1995) vor fünfzig Jahren der kreatürlichen Verbundenheit mit dem Opfer Ausdruck verliehen, dieser tiefsten Motivation, die einen jeden Helfenden in Katastrophensituationen ergreift und ausfüllt: „Diesen Blick werde ich nie vergessen. Ein solcher Blick ist nicht nur dem Menschen eigen, sondern auch allen schwerverletzten sterbenden Tierwesen. ... Während ich bei ihm kniete, wurde ich tief von dem Blick angerührt. Ich habe viele Menschen auf sehr verschiedene Weise sterben sehen, aber ich werde durch Gewöhnung nicht unempfindlicher gegen dieses Geschehen. Jedesmal, wenn ich dem Tode begegne, ist es wie das allererste Mal: In Demut enthülle ich mein innerstes Sein und Fühlen vor jener unbegreiflichen Majestät. Dieser Mann hier war mir völlig fremd und doch war er mir in diesem Blick ganz nahegerückt, fast ein Teil meiner selbst geworden. Vielleicht kommen wir alle uns im Leben nur dadurch nahe, dass wir uns gemeinsam diesem Ende nähern, welches uns zuletzt vereint" (S. 12).

Auf dem Boden einer solchen menschlichen Verbundenheit sind Humanität und Humanitarismus sittliche und ethische Kategorien. Sie bejahen die Befreiung des Menschen aus narzisstischem Selbstbestätigungszwang und sind Grundlagen eines verantwortlichen Eintretens für andere in Freiheit. Humanität ist angesichts seiner „Unmöglichkeit, sich zu distanzieren" (Lévinas, 1998, S. 249) die Wesenheit des Menschen, der dem Egoismus und der Aggressivität zum Trotz dem anderen Menschen hilft, sei es aufgrund einer gemeinsam geglaubten Gottesebenbildlichkeit oder aufgrund des gemeinsamen Menschseins (**Abb. 14-6**).

Abbildung 14-6: Unabhängig davon, in welchem Land Menschen curch Naturgewalten oder kriegerische Auseinandersetzungen in Not geraten, sind wir Menschen verantwortlich füreinander. (a) Haiti 2010, (b) Tansania 1998, (c) Mazedonien 1999, (d) Münster 2015.

Literaturverzeichnis

Annan, K. (2002). *Brücken in die Zukunft. Ein Manifest für den Dialog der Kulturen.* Frankfurt am Main: S. Fischer Verlag.

Buber, M. (2006). *Das dialogische Prinzip.* Gütersloh: Gütersloher Verlagshaus, S. 163

Burton, D.H. (1995). Clara Barton. *In the Service of Humanity.* Westport CT: Greenwood.

Chalk, F., & Dallaire, R., Matthews, K., Barqueiro, C. & Doyle, S. (2010). Mobilizing the Will to Intervene, Leadership to Prevent Mass Atrocities. Montreal: Mc Gill – Queen's University. *Disasters, 34*(Suppl 2), 130–137.

Dickens, C. (1865). *Doctor Marigold's Prescriptions.* London: Chapman and Hall.

Dunant, H. (2002). *Eine Erinnerung an Solferino* (2. Aufl.). Bern: Schweizerisches Rotes Kreuz.

Dunant, H. (2002). *Eine Erinnerung an Solferino* (2. Aufl.). Bern: Schweizerisches Rotes Kreuz, S. 153. [Ins Deutsche übertragen von Richard Tüngel nach der Originalausgabe von 1862]

Durand, A. (1984). *History of the International Committee of the Red Cross: from Sarajevo to Hiroshima.* Genf: Henry Dunant Institute.

Fleck, D. (Hrsg.). (1994). *Handbuch des humanitären Völkerrechts in bewaffneten Konflikten.* München: Beck.

Gardemann, J. & Razum, O. (2006). Internationale humanitäre Soforthilfe bei Natur- und Gewaltkatastrophen. *Public-Health Forum, 14*(51), 6–7. https://doi.org/10.1515/pubhe-2006-2286

Gardemann, J., Jakobi, F.J. & Spinnen, B. (Hrsg.). (2012). *Humanitäre Hilfe und staatliche Souveränität. Münsterscher Kongress zur humanitären Hilfe 2011.* Münster: Aschendorff.

Gardemann, J. (2002). Primary Health Care in Complex Humanitarian Emergencies: Rwanda and Kosovo Experiences and their Implications for Public Health Training. *Croatian Medicine Journal, 43*(2), 148–155.

Gardemann, J. & Wilp, T. (2016). Gültigkeit international verbindlicher, normativer und technischer Standards der Flüchtlingshilfe auch in den deutschen Erstaufnahmeeinrichtungen. *Bundesgesundheitsblatt – Gesundheitsforschung – Gesundheitsschutz, 59*(5), 556–560. https://doi.org/10.1007/s00103-016-2330-y

Gosepath, S. (2006). Verantwortung für die Beseitigung von Übeln. In L. Heidbrink & A. Hirsch, (Hrsg.), *Verantwortung in der Zivilgesellschaft: Zur Konjunktur eines widersprüchlichen Prinzips* (S. 393). Frankfurt: Campus.

Green, C.J. (2004). *Freiheit zur Mitmenschlichkeit. Dietrich Bonhoeffers Theologie der Sozialität.* Gütersloh: Gütersloher Verlagshaus, S. 132, S. 300.

Hinsch, W. & Janssen, D. (2006). *Menschenrechte militärisch schützen, ein Plädoyer für humanitäre Interventionen.* München: Beck.

Haug, H., Gasser, H.P., Perret, F. & Robert-Tissot, J.P. (1993). *Humanity for all – The International Red Cross and Red Crescent Movement.* Genf: Henry-Dunant.

Jonas, H. (1992). *Philosophische Untersuchungen und metaphysische Vermutungen.* Frankfurt: Insel-Verlag, S. 130.

Lévinas, E. (1998). *Jenseits des Seins oder anders als Sein geschieht.* Freiburg/München: Karl Alber, S. 249.

Lévinas, E. (2005). *Humanismus des anderen Menschen.* Hamburg: Felix Meiner

Lévinas, E. (2007). *Die Spur des Anderen – Untersuchungen zur Phänomenologie und Sozialphilosophie.* Freiburg/München: Karl Alber, S. 223.

Merin, O., Ash, N., Levy, G., Schwaber, M.J. & Kreiss, Y. (2010). The Israeli field hospital in Haiti – ethical dilemmas in early disaster response. *The New England Journal of Medicine, 362*(11), e38. https://doi.org/10.1056/NEJMp1001693

Munz, R. (2007). *Im Zentrum der Katastrophe. Was es wirklich bedeutet, vor Ort zu helfen.* Frankfurt: Campus-Verlag.

Polman, L. (2010). *Die Mitleidsindustrie: Hinter den Kulissen internationaler Hilfsorganisationen.* Frankfurt: Campus.

Nightingale, F. (2005). *Bemerkungen zur Krankenpflege.* Frankfurt a.M.: Mabuse-Verlag. [Die „Notes on Nursing“ neu übersetzt und kommentiert von Christoph Schweikardt und Susanne Schulze-Jaschok]

Staudigl, B. (2009). *Emmanuel Lévinas.* Göttingen: Vandenhoeck & Ruprecht. https://doi.org/10.36198/9783838532622

Pictet, J.S. (1956). *Die Grundsätze des Roten Kreuzes. Vorrede von Max Huber.* Genf: Internationales Komitee vom Roten Kreuz, S. 1.

Thielke, T. (2006). *Krieg im Landi, Darfur und der Zerfall des Sudan.* Essen: Magnus-Verlag.

van der Post, L. (1995). *Flamingofeder.* Zürich: Diogenes Verlag, S. 12f.

VENRO – Verband Entwicklungspolitik und Humanitäre Hilfe deutscher Nichtregierungsorganisationen. (2007). Streitkräfte als humanitäre Helfer? Möglichkeiten und Grenzen der Zusammenarbeit von Hilfsorganisationen und Streitkräften in der humanitären Hilfe. In S. Roth (Hrsg.), *NGOs im Spannungsfeld von Krisenprävention und Sicherheitspolitik* (S. 347–370). Wiesbaden: VS Verlag.

von Pilar, U. (1999). *Humanitarian space under siege: some remarks from an aid agency's perspective. Hintergrundpapier für das Symposium „Europe and Humanitarian Aid – What Future? Learning from Crisis“ am 22.und 23. April 1999 in Bad Neuenahr.* Zugriff am 05.01.2018 unter http://citeseerx.ist.psu.edu/viewdoc/download?doi=10.1.1.462.7013&rep=rep1&type=pdf

Wilp, T. & Gardemann, J. (2016). Public Health. In P. Schröder-Bäck & J. Kuhn (Hrsg.), *Ethik in den Gesundheitswissenschaften* (S. 344–357). Weinheim: Beltz-Juventa.

Der Autor

Joachim Gardemann, Prof. Dr., geb. 1955, lebt in Münster. Er ist Kinder- und Jugendarzt sowie Gesundheitswissenschaftler. Er leitet an der FH Münster das Kompetenzzentrum Humanitäre Hilfe.

Seit 1995 gehört er zur Personalreserve des Deutschen Roten Kreuzes für die internationale humanitäre Nothilfe. Hilfseinsätze mit dem Internationalen Komitee vom Roten Kreuz (IKRK) und mit der Internationalen Rotkreuz- und Rothalbmondföderation (IFRC) führten ihn mehrfach nach Tansania, daneben nach Mazedonien, in den Iran und den Sudan, nach Sri Lanka, nach China und Haiti, nach Jordanien und nach Sierra Leone. Seine Lehrtätigkeit brachte ihn auch nach Serbien, in die Mongolei und nach Äthiopien.

Kontakt

E-Mail: gardemann@fh-muenster.de

Sachwortverzeichnis